ミッシングワーカーの衝撃
働くことを諦めた100万人の中高年

NHKスペシャル取材班

NHK出版新書
617

はじめに

この本の原稿と格闘した二〇一九年、「ひきこもり」が世間から注目を集め、社会問題として繰り返しクローズアップされた。

端緒は、二〇一九年三月、内閣府が公表した「中高年ひきこもり」の実態調査の結果だった。四〇歳から六四歳で自宅に半年以上ひきこもっている人が推計六一万三〇〇〇人に上ると発表されたのだ。

このうち男性が七〇%以上を占め、七年以上の長期にわたっている人が半数近く、という分析結果にも注目が集まった。一家の大黒柱として、働き盛りの世代であるはずの男性が「ひきこもり」状態で、働けていないことになるためだ。

私たちが内閣府の調査で注目した点は、もう一つある。「ひきこもり」というと、自宅の部屋に閉じこもり、出てこないような人をイメージしがちだが、実際の「中高年ひきこもり」は自宅だけに閉じこもっているわけではないということだ。
調査で外出の頻度をたずねた設問、

①仕事や学校で平日は毎日外出する
②仕事や学校で週に3～4回外出する
③遊び等で頻繁に外出する
④人づきあいのためにときどき外出する
⑤ふだんは家にいるが、自分の趣味に関する用事のときだけ外出する
⑥ふだんは家にいるが、近所のコンビニなどには出かける
⑦自室からは出るが、家からは出ない
⑧自室からほとんど出ない

の選択肢のうち、⑤～⑧が「ひきこもり」状態だとされるが、自宅から出ないのは⑦と⑧だけだ。この二つを選択した人は合わせても一五％程度にとどまっている。つまり、「ひきこもり」とされる人のうち、ほとんどの人は自宅に閉じこもっているわけではないのだ。

では、何が問題なのだろうか。

調査の結果、明らかになったように、「ひきこもり」は普段は家にいることが多いが外出することもある人たちだ。しかし職場や学校など、社会的な役割を持つ場所、そして他人と接点を持ち得る場所に積極的に出かけることはない。外出はしていても、他者と関係を築ける状態にはほとんどないということだ。

すなわち「社会と接点を持てない」＝孤立した状態の人だと言うことができる。そうした人たちに必要なのは、社会との接点を取り戻すことだ。まずは働く前段階として、他者とつながる機会を得られることが支援に結びつける鍵になる、それをこの調査は証明したのだと言える。

しかし、なぜこうした状態になってしまうのだろうか。私たちは、内閣府による調査の前年、ＮＨＫスペシャル「ミッシングワーカー　働くことをあきらめて…」を放送したが、その折に見たのは「長期間働かず、社会から孤立する中高年」の姿だった。就職氷河期に直面した四〇代、そして非正規労働が拡大した初の世代でもある四〇代、五〇代は、バブル崩壊のあおりをもろに受けて仕事につまずき、働くことから長く遠ざかってしまっていた。

もう一つ、親の介護を理由に仕事が続かなくなった人も増えていた。彼らは経済的に余裕がないからこそ、自分で介護しようと思うあまり、すべてを背負って身動きできなくなり、やがてアルバイトやパートの仕事さえ続かなくなってしまうという、追い詰められた状況に陥っていた。

内閣府の調査は、そうした状態に陥った人たちが数多く存在することを、改めて浮き彫りにするものだった。

長期間働くことができていない人、すなわち「ひきこもり状態が続いている人」に注目した私たちは、こうした人たちが働き盛りの世代に増えていることが、日本特有の現象ではないことも突き止めた。労働者に格差があり、弱い立場におかれている労働者が「労働市場から排除」されがちな先進諸国に共通する現象であることを発見したのだ。それが、「Missing Worker（消えた労働者《ミッシングワーカー》）」という、アメリカでも問題視され始めている「働きたくても、働けなくなってしまった人たち」という存在だった。

このことについては後ほど詳述するが、なぜ日本でも「ミッシングワーカー」、つまり家でひきこもっている状態の中高年の増加が深刻化しているのだろうか。そこには、親の年金に依存して長期間の「ひきこもり」が可能になってしまった結果、労働市場に戻れなくなるほど、心身の状態が「働くこと」から遠ざかってしまうことが、原因の一つとしてある。

　親の年金があるから、周囲からは困っているように見えず、リスクがある状態にもかかわらず外から発見しにくい。そのため、親の死で年金がストップする時には、すでに子どもは五〇代、六〇代になっていて、支援機関からすれば「なぜここまで発見できなかったのか」と思わざるを得ないほどに深刻化してしまっているケースが増えているのだ。

　親子関係で言えば、中高年世代の親は七〇代、八〇代の、介護が必要となる世代でもある。親の介護をすることが子どもの免罪符になり、働かないのではなく、働けないのだと自分に言い聞かせて介護に専念するうちに、負担の度合いが重くなり、親を一人で背負う重圧から精神的にも追い詰められ、さらに働くことから遠ざかってしまう——私たちは取材中、そんな事例にたくさん出会ってきた。

　私は、高齢の親を介護するために「仕事を辞めて同居するしかないと思うけど、どう思うか」と相談を受けると、必ず、仕事を辞めてはいけないと伝えることにしている。親と同居するかどうかは個人の選択だが、「ミッシングワーカー」となってしまうと、孤立を深め、労働市場から排除されるだけでなく、いずれ社会からも排除されてしまう大きなリスクがあるためだ。

二〇一九年には、社会を震撼させる事件が起きたことで、世間がさらに「ひきこもり」に注目する流れが強まった。その事件は内閣府の調査結果の公表から二ヶ月余り経った五月二八日の朝に起きた。神奈川県川崎市にある住宅街の路上で、五一歳の男性が登校中の小学生らを殺傷し、自らもその場で自殺する、という地域の平穏を一瞬で崩壊させた事件だった。

容疑者の男性は、伯父夫婦のもとで、働かず、「ひきこもり」の状態だったと報道された。私は、この時に多くのワイドショーが「ひきこもり」という言葉を連呼し、あたかも「ひきこもりの人たち」が危険な存在であるかのような伝え方をしていたことを非常に危ないと感じていた。

それでなくても社会から孤立している人たちである。こうしたニュースの報じられ方をきっかけに「危ない人たち」という見方をされ、冷たい視線を浴びてしまえば、さらに孤立を深め、事態をより深刻化させかねない、あるいは追い詰められてしまう人が出るのではないかと心配になったのだ。

　中高年の無職の子どもと同居している親たちが「まさか我が子も同じことを」と無用な不安を募《つの》らせてしまうことも心配だった。私たちは、「ひきこもり」の状態にある多くの人たちが、働くことにつまずいたり、親の介護と両立できなくなったりした結果、働けなくなり、無職になったという以外に、何ら問題のない「ミッシングワーカー」であることを知っている。

　長期間、無職の状態が続いた人の中には、やや無口で口ベタな人も少なくないが、それでも日常生活には何の問題もない人が大多数だ。収入を得られる仕事をしていないというだけで、それ以外は普通の人と何ら変わらない人を差別するような、そんな憤《いきどお》りさえ覚える報じられ方も散見された。

　もちろん、働くことが長期間できていない人には就労支援など、何らかの手助けは必要だろう。しかし、決して社会にとって危険な存在などではない。ただ、知っておかなければならない重要なことは、「ひきこもり」になった要因は、仕事の失敗や失業、病気、家族の介護、あるいはそれらが重なった結果など、人それぞれ違うということだ。

　そうした中に、精神疾患や発達障害なども含まれる。あるいは、親の虐待やいじめなど精神的に追い詰められる事情があって、そうした状況になってしまう人もいるかもしれない。あるいは、違法薬物に依存した結果、ギャンブルやゲーム依存症など、じつに多様な原因を想像しなければならない。

中には、ひきこもっていることで、精神的に攻撃性を助長させていくリスクを抱えている人もいるかもしれないが、それはごく一部で、多くの人はそんなリスクとはほど遠い、むしろおとなしい人たちだ。

しかし、この事件の報道のわずか四日後、東京都練馬区の住宅で、七六歳の父親が四四歳の長男を刺殺する事件が起きた。この長男も長年、「ひきこもり」の状態で働くこともせず、ゲーム三昧の日々を送っていた。両親は、長男から長年にわたって暴力を受け続けていた。追い詰められた末の犯行だった。

いずれも「ミッシングワーカー」の状態を脱するための支援などは受けておらず、同居する家族や親族だけが悩みを抱えたまま孤立していた。なぜこうして追い詰められる前に、支援が行き届かなかったのだろうか。

後者の事件の裁判員裁判は、東京地裁で二〇一九年の暮れ、一二月一一日に始まった。

冒頭陳述によると、長男は中学時代にいじめを受けていた。それが原因で家に閉じこもるようになり、しばらくして母親への暴力が始まった。

大学進学後は、一人暮らしを始めたが、事件が起きる一週間前に実家へと戻っていた。一人暮らしをしていた際、ゴミ屋敷のような有様だったことを父親がとがめると、父親に暴力を振るうようになった。両親はそんな暴力に苦しむ日々が再び始まったことを恐れ、絶望していたのだろう。

父親は事件を起こす前に妻に宛てた手紙を書いており、それが法廷で読み上げられた。原稿用紙には「これしか他に方法はないと思います。死に場所を探します。見つかったら散骨してください。英一郎も散骨してください」と書かれていた。

証人尋問では、母親が証言台に立った。そして、長男の暴力が中学二年生の頃から長年にわたって続いていたこと、事件の一週間前には父親が激しい暴行を受けたことを証言した。そして長男の妹は、兄が原因で縁談が破談となり、自殺したと苦しそうに話した。自分も二〇一八年の一二月、自殺を試みたが未遂だった。母親は最後に涙声で訴えた。

「長男のことを本当に一生懸命やってくれた。刑を軽くして下さい。お願いします」

弁護側は、長男が統合失調症やアスペルガー症候群と診断されていたことも答弁している。

裁判の判決は、一二月一六日に言い渡された。検察側の求刑懲役八年に対して、判決では懲役六年とされた。弁護側は、執行猶予つきの判決を求めていたが、裁判長は「強固な殺意にもとづく短絡的な犯行」とした。判決では、仕事のない長男を支えてきた努力は否定しないとしながら、発達障害に悩みながらもインターネット上で人間関係を築くなどしてきた長男の人生を一方的に奪う権利はないとした。

こうした家族を取材した経験からすれば、親に経済的な余裕があり、教養もあるのだから「支援に結びつく相談ぐらいできただろう」と外から他者が簡単に言うことはできないと感じている。この二つの事件に関わる家族たちも、本人も、相当に苦しんだはずだ。実際、支援体制が十分に整っているとは到底言えない状況があるためだ。

外見上は、「ミッシングワーカー」となった中高年（長期間働いていない中高年の子ども）を抱える世帯の問題だと言えるが、原因が精神疾患や発達障害など、働こうにも働けない問題だった場合、そして家族関係にもきしみが生じている場合には、普通に生活困窮者支援の窓口で受けられる就労支援などで解決に進める状態ではない。専門家による治療と、きめこまやかなケアが必要だ。

　これを家族だけで背負ってしまえば、いつか追い詰められてしまうだろうし、その家族がいなくなればどうなるか――つまり「親亡き後」の問題が、そこには常につきまとう。

　国は、精神病を患《わずら》っていても、施設に入所させるのではなく、家や地域で普通に暮らせる社会を目指してきた。しかしその一方、こうした人たちを在宅で支援する環境は十分ではないのだ。これらの家族が本当に必要だったのは、臨床心理士や訪問診療を行う精神科医などのチーム医療体制がある訪問診療サービスを受けることだったと思う。

　しかし地域によっては、チームどころか訪問サービスが皆無というところも少なくない。「ミッシングワーカー」と一括りにするのではなく、こうした特別な事情を抱えた人でも、労働市場から排除され、社会から隔絶された状態にしておくのではなく、地域がケアするなど安心できる態勢の中で見守り、同居する家族まで追い詰められてしまうことがないようにしなければならない――そのことをこの二つの事件は示唆《しさ》しているのではないだろうか。

　さらに、事件を起こすリスクがまったくないと言い切っていい、多くの「ミッシングワーカー」に必要なことは、社会とのつながりを取り戻し、いずれ労働市場に帰っていけるようになることだろう。

これについては、彼らの存在に気づき、少しばかりおせっかいする勇気を地域の人たちが育んでいけば可能なこともわかってきている。個人主義に向かって突き進んできた私たちの社会は、そうした意味で、いま試されているのではないだろうか。

読者の方々には、まず「ミッシングワーカー」となってしまった人たちのことを知ってほしい。そして、誰しもが陥りかねない、その「ミッシングワーカー」というリスクについて知ってもらった上で、その人たちを再び社会の中に呼び戻すために何ができるのかを、一緒に考えていきたいと切に願っている。

ミッシングワーカーの衝撃――働くことを諦めた100万人の中高年　目次

本書では特に断りのない限り、番組（NHKスペシャル「ミッシングワーカー　働くことをあきらめて…」二〇一八年）放送時のデータを使用しています。また登場人物の年齢についても同様に放送時のものを掲載しています。

第一章　「ミッシングワーカー」とは何か

落ちこぼれる中高年たち

今、四〇代、五〇代の中高年に異変が起きている。働かず、仕事を求めず、親の年金に依存して暮らす「隠れ貧困層」が急増しているのだ。親を亡くした後、周囲がその存在に気づいた時には、もはや支援が難しい深刻な状態に陥っているケースも少なくない。「ひきこもり」と言われる状態に陥ってしまい、復職や生活再建が難しくなっているのだ。

なぜ中高年が「ひきこもり」の状態になってしまうのか——そこには、様々な社会の構造的要因が関わっている。つまり、今後も中高年の「ひきこもり」は、生み出され続ける恐れがあるということだ。

八〇代で年金暮らしの親が、無職で独身の中高年の子どもの将来を心配し、追い詰められて殺人や心中事件を起こすなど、社会的にも問題視され始めている「脱落する中高年」——。人手不足のニッポンで、働き盛りの世代が社会から脱落してしまった状態を放置しておいていいのか、その問題の根源はどこにあるのか。四〇代・五〇代の「ひきこもり」状態の人たちに密着取材を重ねていって浮き彫りになったのは、この世代の誰もが同じような状況に陥りかねないリスクを抱えているということだった。

東京オリンピックを控えた二〇二〇年現在、四〇代、五〇代は、一九六四年に開かれた前回の東京オリンピックの後に幼少期を過ごした世代だ。一億総中流、サラリーマン家庭で育った世代が多い。この世代に異変が起きている。四〇代、五〇代と言えば、働き盛りの世代だと思われている。しかし、子ども時代は、中流家庭で高度経済成長の恩恵に与《あずか》ることができたこの世代は、成長とともに時代の変化に翻弄《ほんろう》され続けてきた。

その一つが、バブル経済の崩壊だ。さらに四〇代は就職氷河期にも直面したため、四年制大学を卒業しても、新卒採用で正社員の働き口が見つからない人は少なくなかった。一方、雇用市場の流動化が進み、非正規という働き方が急速に普及した時期でもあり、働き方の多様化による選択肢の一つとして、そうした働き方を選ぶ人が一気に増えた。今の四〇代、五〇代が「非正規第一世代」とも称される所以《ゆえん》である。

しかし非正規労働は、その多くがあくまでも期限付きの労働であり、三年以内の期限がくる度に転職を余儀なくされる。若いうちは、次の働き口もすぐに見つけることができるからいい。それが三〇代半ばを過ぎると、年齢制限などによって、条件の良い仕事がなくなってくる。正社員の場合は、責任ある仕事を任されるようになり、給料もどんどん上がるが、非正規労働の場合は三〇代半ばを過ぎると、むしろ労働条件が悪化し、収入も目減りしていく。

そうすると収入が不安定になるため、この世代には「独身」が多い。四〇代、五〇代の独身中高年は、七五〇万人。彼らの中には、家庭を持たず身軽（?）だからということも手伝って、親に介護が必要になると、親との同居を決める人が少なくない。

さらに非正規労働の場合、年齢が上がると、収入などの条件が悪化するため、いったん親から独立していた人でも、自立した生活が送れなくなり、再同居せざるを得なくなるパターンも多い。こうして、中高年の独身の子どもと、高齢の親という二人暮らしの世帯が増えている。

正社員から非正規へ

もっとも最初から正社員として働いていた人が、何らかのきっかけでこうした事態に陥るケースも少なくない。

今、中小企業の廃業や倒産が相次いでいるが、こうした会社の倒産や廃業で転職を余儀なくされ、非正規労働を選ばざるを得ないケースもある。日本はここ数年、人手不足だと言われるが、不足しているのは「非正規の労働者」であり、正社員の雇用が増えているわけではない。

もう一つのパターンは、親の介護のために正社員の仕事を続けられなくなり、非正規の仕事に就くというケースだ。私たちが取材した中にも、遠方の親を介護するには同居しかない、と考えて仕事を辞め、パートやアルバイトをしながら介護をすることにした人がいた。

じつは、取材中、身近な同僚からも「親を介護しなければならないが、同居するには仕事を辞めざるを得ない。どうしたらいいのか」と相談を受ける機会があった。その同僚には「親の介護は長く続くし、親が亡くなってからあなたの人生はもっと長く続く。仕事を辞めれば、収入面で持ちこたえられないと思う」と取材で得た実感を正直に伝えた。

その人は、結局、仕事を続け、親には介護施設に入所してもらう選択をした。「親不孝をしてしまった」とがっくりと肩を落としていた姿は忘れられない。しかし、その人を「間違った選択をした」と責めることは誰にもできないと感じる。「仕事か親か」という選択肢を突きつけられた時、何に重きをおいて、どちらを選ぶのか、それはとても難しい問題だからだ。

一方で、高齢者を抱える家族の取材を続けていて感じるのは、介護を家族が担うのは困難な時代になったということだ。親思いの子どもは、家族が介護を担うのは当たり前だと感じ、その負担を背負う覚悟をしがちだが、そうした従来の考えを改めなければならない時代が到来しているのかもしれない。

親の介護という問題について言えば、正社員であれ、非正規労働に従事する人であれ、誰しもがいずれその局面を迎え、どちらの道を選ぶかを迫られる。その選択は、親の老後だけでなく、自分の老後や人生を左右する大きな問題だ。

今ではなく、将来まで考えて、その選択をしなければならないこと、そして親の介護の問題が誰にとっても他人事ではないことも知っておいてほしい。

労働者が統計から「消える」

話を戻そう。親と同居している独身中高年に、果たしてどのような問題があるのだろうか。仕事が順調で親も健康であれば、何ら問題はない。しかし、もし正社員ではなく、非正規労働に従事しているとしたら、問題はないがリスクはある。

先に述べたように、非正規労働は短期間の有期雇用であり、期限がくれば転職をしなければならない。そして年をとればとるほど、次の仕事が見つかりにくくなる。しかも、同居している親が病気になったり、介護が必要になったりすれば、仕事を得て働くまでのハードルがより高くなってしまう。

さらに、この問題を深刻化させてしまうのが親の「年金」だ。親世代は、一億総中流のサラリーマン世帯が主流だったため、多くの人はある程度の厚生年金をもらうことができる。そうすると子どもが無収入でも暮らしていくことができるため、周囲に問題が顕在化しにくくなるのだ。

その結果、親の年金に依存しながら、介護に専念するような生活を続けた中高年が、働くことから長期間遠ざかってしまい、ハローワークに仕事を探しに行く気力さえ失ってしまうという問題が生じている。

雇用統計上、求職活動をしている人は「失業者」と位置づけられ、データとして数えられる。四〇代、五〇代の失業者は、七二万人に上る。しかし、求職活動をせず、長く働いていない人は「失業者」にも数えられない。

そうした人たちが、四〇代、五〇代で一〇三万人にも上ることが、今回の私たちの調査によって明らかになった。働き盛りの世代が雇用統計から消えたままになっている状態（=「ミッシングワーカー」）を放置しておいていいのだろうか。

「ミッシングワーカー、一〇三万人」の衝撃

私たちが「ミッシングワーカー」というキーワードにたどり着いたのは、アメリカ経済について取材した別の番組での経験からだった。トランプ政権下で経済状況は好転しているはずが、労働者の収入が上がらず、好況感も低いままであることについて、アメリカのシンクタンクが原因を分析したところ、意外なことが明らかになったのである。それは次のようなものだった。

確かに失業率は改善していた。しかし一方で、非正規労働で働いている人たちが、中高年になって転職につまずくと、長期間働かず、求職活動を諦めてしまい、労働市場から消えてしまうという状況が生じていた。その結果、統計に表れない、働かない状態の人(「ミッシングワーカー」)が増え、経済の好循環が阻害されていたのだ。

このアメリカでの研究結果を知った私たちは、非正規労働第一世代が中高年になった現在の日本でも同じ状況が生まれているのではないかと考え、総務省・西文彦研究官の協力を得て、日本の「ミッシングワーカー」の数を調べることにした。

そして西研究官が、アメリカと統計のとり方は少し異なるものの、日本でも「求職活動をしていない無職の人数」という視点で計算を行ったところ、働き盛りの四〇代、五〇代

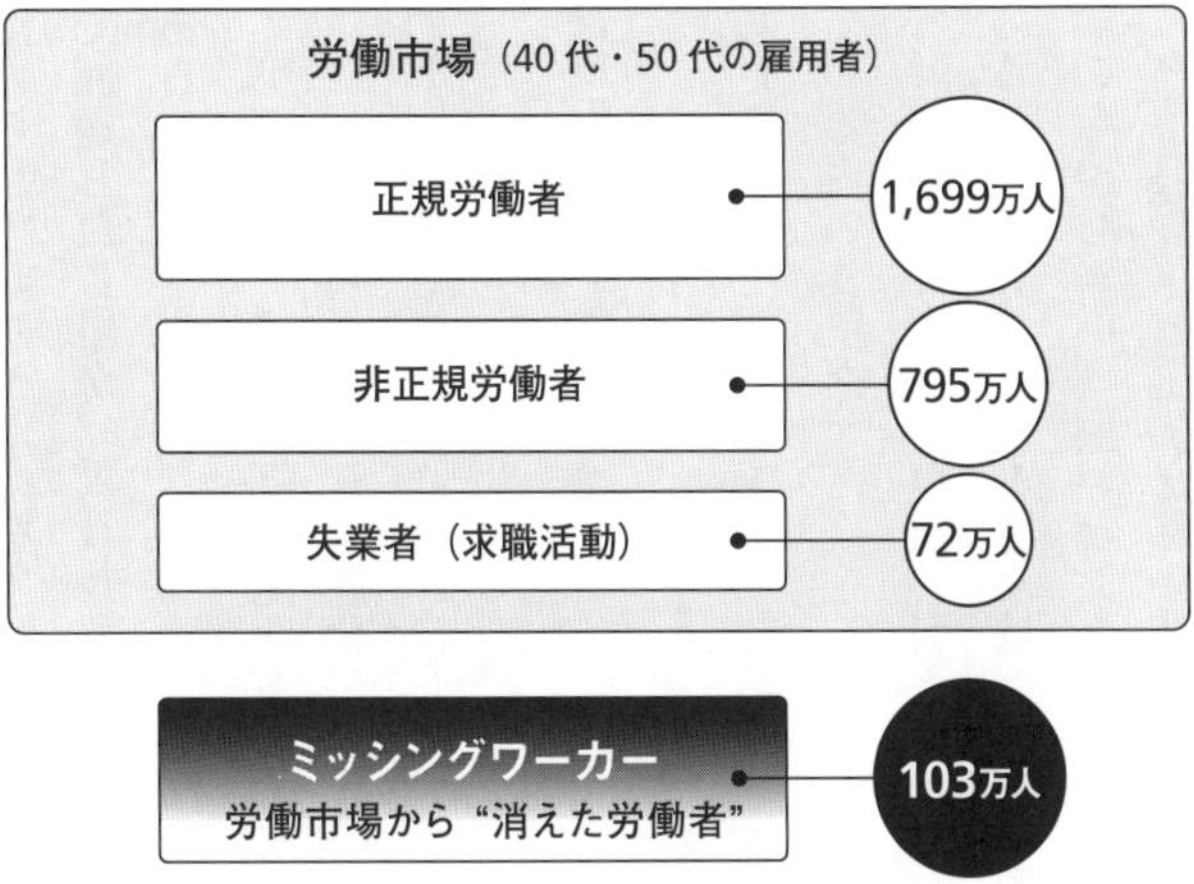

「ミッシングワーカー」の位置づけ（出典：「労働力調査」2017）

で一〇三万人の「ミッシングワーカー」がいるという衝撃の現実が浮かび上ってきたのである。

さらに、いつ転職につまずいてもおかしくない非正規労働に従事している人たちが、この世代だけで八〇〇万人近くおり、すでに転職がうまくいかず失業状態にある人が七二万人と、今後も「ミッシングワーカー」が増えていく可能性が高いこともわかってきた。

こうした全体像を把握した上で、私たちは、ミッシングワーカーの実像に迫るために、親の介護による失業や、自身の病気、非正規労働のつまずきなどによって、自分の力ではどうしようもないところまで追い詰められているケースを多数取材した。そうした実例と全体像を示すデータを組み合わせて放送した番組が、NHKスペシャル「ミッシングワーカー 働くことをあきらめて…」である。

以下では、その成果をもとに番組で放送できなかったことも含め、この衝撃の現象の背景に、非正規労働と核家族化、介護の人手不足など、複雑に絡み合った社会の様々な構造的要因があることを詳《つまび》らかにしていきたい。

母親の介護のために退職

二〇一七年一一月、川本正さん（仮名）のもとを初めて訪ねた日は、秋も深まり、少し肌寒い日だった。川本さんの自宅は、名古屋市南部の工業地帯にあり、かなり築年数が経っている古い長屋だった。

呼び鈴を押すと、戸口の引き戸が開かれ、川本さんが出迎えてくれた。大きな身体を縮めるようにして、川本さんはペコリと頭を下げながら挨拶してくれた。

「いらっしゃい。狭いところですみません」

申し訳なさそうな表情を浮かべた川本さんは、普段、人と会う機会がないため、他人と話すのは久しぶりだそうだ。

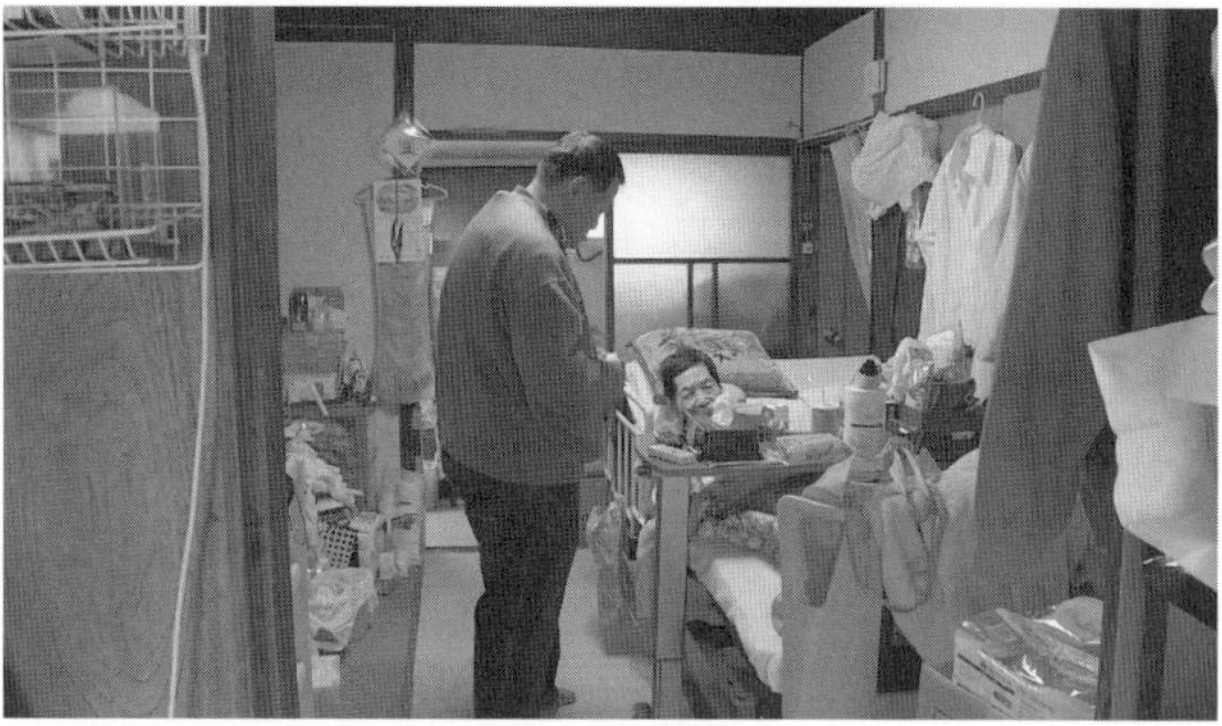

川本さんと、介護ベッドの上に横たわる母の和子さん

川本さんは取材当時五七歳、会社勤めであれば責任ある立場にあってもおかしくない年齢だった。しかしその年齢には似つかわしくないトレーナー姿で、今は母親の介護のために仕事ができないのだと語った。独身の川本さんは、身軽だった自分が母親と同居して介護をしてあげたいと仕事を辞めてしまったのだ。介護をしながらできる仕事もあるはずだが、母親は寝たきりでつきっきりの世話が必要だから、と職探しもしていなかった。

玄関を上がると、四畳ほどの部屋があった。そこには母の和子さん（仮名・八一歳）が、介護用ベッドの上で横になっていた。和子さんは「こんな格好ですみません。ゆっくりしていってください」と恐縮しながら、挨拶をしてくれた。

ちょうどお昼時だったため、川本さんは、和子さんのお昼ご飯をつくるという。居間の奥にある、狭いキッチン。流しの横には、洗濯機が置かれ、洗濯物が干してあった。物はきちんと片付いているが、かなり狭い居住空間だ。

川本さんは、レトルトのおかゆをガスコンロで温め始めた。「今日は何をつくるんですか？」と尋ねると、「おかゆに、冷蔵庫にあるホウレンソウを炒めた総菜と、岩のりを入れようかと。おかゆに味がないもんですから、できるだけ野菜とか、海のものを入れたりしています。母は、歯がないもんですから、どうしても柔らかいおかゆとか、すぐ飲み込めるようなものじゃないと、喉につかえちゃうもんで」と川本さん。

そして出来上がったおかゆを、ベッドの机に運び、和子さんを起こす。スプーンで一匙《さじ》ずつ、フーフーと冷ましながら、和子さんの口に運び、ときおり口元についたおかゆをティッシュでぬぐってあげる。こうして食事を準備するところから、食べる介助まで、いつも川本さんが行っているのだ。

要介護度2でも大変な自宅での介護

「お食事、いかがでしたか？」

母親の和子さんにそう尋ねると、耳が遠い和子さんに聞こえていない様子を見かね、川本さんが声を張り上げて質問を繰り返してくれた。

「ご飯どうでしたかって」

「柔らかくておいしかったです。あっさりして」

和子さんも会話ができるとわかり、私たちは質問を続けた。

「いつも息子さんがつくってくれるんですか？」

しかし、この質問には答えようとしなかった。そこで質問を変えてみた。

「助かりますよね？　息子さんがこういうふうに面倒を見てくださると」

和子さんは言葉を発さず、うなずきもしない。息子に関する話題には触れたくないのかもしれない、と感じて話題を変えた。

「体調は、今日はいかがですか？」

自分から話題がそれたこともあるのだろう。川本さんが「翻訳」するかのように、大きな声でリフレインしてくれた。

「体の具合、今日はどうですかって」

「ああ、寒いとやっぱり痛んできます。背中の曲がっているところが」

ようやく和子さんが振り向いて、答えてくれた。

「お食事は結構、召し上がるんですね」

「食べきれないと残してしまうけども、こうやっていつも食べられるぐらいを持ってきてくれるから」

和子さんの要介護度（介護保険で受けられるサービスの区分）は5段階でもっとも軽い度合いである1の次、2だった。それでも食事や着替えは一人では難しく、一日のほとんどを布団の上で過ごす。人工肛門をつけているため、トイレも川本さんの手助けが必要な状態だ。

週に一回の訪問看護と、週三日のデイサービスを利用しているが、それ以外は川本さんが自宅で介護を行っている。食事やトイレ、着替えなどはもちろん介助が必要だが、ベッドの上で体を起こしたり、テレビを見るために寝返りをしたりする時にも、川本さんが支えなければ一人では難しいことが多い。

「基本的に歩くことができないもので、できるだけ移動する時は僕が助けてあげるようにしています」

正社員から非正規、そして無職へ

そんな川本さんが介護に専念するために仕事を辞めてしまうまでには、様々な局面があった。当初、川本さんは、むしろ仕事をバリバリとこなす青年だった。高校卒業後、最初に勤めたのは金属加工の工場で、そこでは正社員として働いていた。仕事は面白く、没頭して多くの技術を覚えた川本さんは、周囲に頼られるほどの存在になっていた。

しかし、人の良い川本さんは頼まれた仕事を断れず、次第に自分の力量を超える仕事を抱えてしまうようになった。それでも責任感の強い川本さんはすべてをこなそうとして、無理を重ねたため、残業が増えていった。当然、そんな無理は長くは続かなかった。そして長時間労働が続いたことで、体を壊して会社に行けなくなり、結果、退職を余儀なくされたのだ。

その後は体調が戻ってからも正社員の仕事は見つからず、非正規の仕事を転々とするようになった。収入が不安定だったため、結婚もできないまま、両親と同居を続けてきた。それでも両親が元気なうちは、正月になると親戚なども集まり、にぎやかに過ごしていた。非正規労働の給料に、両親の年金を加えれば、一家は何不自由なく生活することができたからだ。

ところが二〇一四年、穏やかだった暮らしに暗雲が立ち込めた。両親が相次いで病に倒れたのだ。母親の和子さんは、腰のケガでほとんど寝たきりの状態になってしまった。そして同じ時期に、父親も持病の心臓病が悪化し、布団から起き上がることもできないほど深刻な状態に陥ってしまった。

同居していた川本さんは、一階のトイレの近くにある四畳の狭い部屋に並んで寝たきりの両親の面倒を見るのは自分しかいないと思い、つきっきりで世話をする生活を始めた。当時、川本さんは引っ越しのアルバイトによって収入を得ていたが、その仕事も両親の介護のために辞めざるを得なくなった。

収入が絶たれた川本さん親子は、家族三人で暮らすための生活費を年金だけでやりくりすることになった。年金収入は両親の年金を合わせれば二六万円。自宅の長屋は賃貸だったが、家賃は月五万で、水道やガス、電気代などが合わせて一万円余りなので、生活費として手元に二〇万円ほどが残った。

両親の医療費や介護のための費用もあり、生活はギリギリに切り詰めなければならなかったが、川本さんが働かなくても何とか暮らしていくことはできた。しかし仕事もせずに家にこもりきりで親の介護をして過ごす日々は、川本さんを精神的に追い込んでいった。

そして、その生活が予想以上に長くなったことが、状況を変えるために行動を起こす気力さえ川本さんから奪っていった。

「二人とも、まだベッドがない頃は、床で寝てたもんですから、僕が家にいて介護をしないと両親はどうにもならんもんで、できるだけ自分がやれる範囲のことをやろうということで。でも、ちょっとノイローゼ気味になっていました。仕事なんかのためには、動けなかったという状況でしたね」

両親が交互に病状を悪化させ、その度に入退院を繰り返したため、送り迎えの煩雑さや医療費の負担も大きかった。

しかし本当の悪夢が、その後、追いかけるように川本さんを襲う。父親が心臓病で亡くなったことで、収入が激減したのだ。ついに家計が成り立たなくなったため、川本さんは二〇一七年五月、「母親の年金だけでは暮らしていけなくなった」と訴えるべく、初めて役場を訪ねた。

役場では、生活困窮者を支援する窓口で相談するよう促され、窓口の担当者も母親の介護サービスを増やし、川本さんの介護の負担を減らすことができるよう配慮してくれた。介護の負担が減れば、川本さんが働けるようになって収入を増やすこともできるからだ。

「僕の貯金も全部なくなってしまいました。お金のことは役所に相談したり、叔父にも借りたりして、もうギリギリでしたね」

しかし、母親の介護の負担が減っても、川本さんは仕事を再開することができなかった。四年もの間、仕事から遠ざかっていたため、再び他人とうまくコミュニケーションを取りながら業務にあたる自信を喪失してしまっていたからだ。もはや川本さんは、母親の介護を理由に働けないことを正当化する以外、無職の自分を肯定する方法を失ってしまっていた。

父親が亡くなった後、母親が一人で寝ている四畳の部屋には、小さなテレビが置かれている。その横に、小さな仏壇があり、写真立てには父親の元気だった頃の写真がある。かつて鹿児島に旅行に行った時の姿だという。父親の年金が絶たれてからの収入は月額一六万円。預金通帳を見せてもらうと、残金は一万円ほどしかなかった。

「(母親が)亡くなるまでは面倒を見たいなというのもあります。とにかく今はやれることだけをやっていきたいというのがあるもんですから、先のことはあまり浮かんでこない」

不安定な仕事と親の介護が重なったことで、気づけば働きたくても働くことができなくなっていた川本さん。「ミッシングワーカー」状態に陥る一つの典型事例だと言える。

こうした親子をどう救うか？

数日後、自治体の「生活困窮者支援窓口」の担当者が川本さんの自宅を訪ねてきた。名古屋市では、「仕事・暮らし自立サポートセンター（通称・サポセン）」が各地に設置され、自治体と連携した支援サービスが進められている。

「おはようございます。自立サポートセンターの平坂です」

仕事・暮らし自立サポートセンターの平坂義則さんは、今回のように、親の介護のために働けなくなった中高年の子どものいる世帯の支援に尽力している。食べられるのに捨てられてしまう食品を再利用するために集めている「フードバンク」に協力を依頼し、生活困窮者に食糧支援を行うのもその一つだ。川本さんにも緊急の支援が必要だとして、これまでインスタント食品などの食糧提供を行ってきた。

平坂さんは、訪問時に川本さん親子の様子をうかがうだけでなく、家計の収支を分析し、生計が成り立っているかどうかなど、経済面の具体的な状況を聞き込み、どういった点でリスクがあるかを確認し、どんな支援ができるかを計画しようとしていた。

現在の親子の収入を聞いた上で、家賃、光熱費、介護費用などの必要経費を差し引くと、食費などの生活費に回せるのは月三万円だった。それで不安はないのかと、平坂さんは丁寧に話を聞いていた。

「食費が三万ぐらいで賄《まかな》えているかどうかですけど、三万円ぐらいだと一日一〇〇〇円なわけですよ。一〇〇〇円でやりくりって大丈夫ですか？」

「まあ何とか。同じような食べ物になっちゃうんですけど」

何とか食べていけるという川本さんの答えに、さらに突っ込んで将来に不安はないのかと平坂さんは質問を重ねた。

「生活はしていけますか？　今の感じだと預貯金まではできていないですよね、これぐらいだとね」

「貯金まではちょっと、そうですね。難しいですね」

「一日一〇〇〇円というところがギリギリなのかな。今のところ生活上の赤字は出てないんですけど、これ以上、切り詰められるところがあまりないですね」

平坂さんが心配していたのは、今後、必要な介護サービスの量が増える可能性があることだった。そうすると、金銭的な負担はさらに大きくなる。もちろんサービスを増やせば、川本さんの自由な時間が増えるため、その時間を使って少しずつ働くことができれば、収入の安定につながるはずだ。しかし川本さんが、その点について意志をはっきりと示さないことも心配の種になっていた。

何より平坂さんがもっとも不安視していたのは、母親が亡くなってしまった後のことだった。今はまだ母親の和子さんの年金収入があるから生活が維持されているが、亡くなってしまうと、川本さんがより追い詰められていくことは目に見えていた。

平坂さんは、将来を見据え、就労についても考えていく必要があると考えていた。

「今後、お母さんの介護サービスを、今よりも使わなきゃいけない状態になった時、また負担が大きくなったりもするので、それがどの程度までいけるかですけどね」

「そうですよね……」

「お仕事は、どうですか？　お母さんの介護などもあってお仕事になかなか就くことができなかったと思うんですけど、今は週三で介護サービスを利用されているので、例えばすぐに毎日、フルタイムじゃなくても段階的に少しずつ仕事をする日数を増やして、徐々にやっていくということも、一度検討していただくといいかなと思っているんですけど。川本さんとしてはいかがですか？」

「まあ、何かそういうチャンスがあれば……」

「チャンスがあればね……、わかりました。私どものセンターで、就労の支援もさせていただいておりまして。段階的にご本人の状態に応じた支援をさせていただくことも可能なので、よろしくお願いします」

　母親が亡くなった後のことを考えると、仕事をして収入を得なければならないことは、川本さんも頭ではわかっていた。しかし、母親を介護している今の生活の中で融通の利く仕事はあるのか、条件面で仕事探しに苦労した経験があるだけに、一歩を踏み出しかねていた。

　そして最大の懸念は、長期間仕事から遠ざかっている自分にそれができるのかということだった。もはや自分の力だけで再起することが難しいと思っているようでもあった。

　一方、平坂さんは、仕事をしないでいる期間が長引けば長引くほど、再び働くことがいかに難しくなるか、支援を続けてきた経験からよくわかっていた。さらに川本さんのケースでは、母親の年金はあるもののギリギリの状態で、病気やケガなどで突然の出費があれば、生活が破綻《はたん》しかねない大きなリスクを抱えていた。

　だからこそ、年金以外の収入を得て、世帯の収入を増やす必要があり、そのためにも川本さんが働けるよう支援しようとしていたのだ。しかし川本さんのケースでも、焦って動くつもりはなかった。むしろ時間をかけて、丁寧に、かつ粘り強く就労へ向けて心の準備を整えてもらい、長期戦で支援を続けるしかないと考えていた。

「今回のケースのように八〇代のお母さんに対して、お子さんが介護をしていらっしゃると、介護をしていること自体は、やはりご家庭として経済的にも助かるわけですよね。その部分で、親は子どもを頼り、子どもは親の年金に依存するという意味で、『共依存』という形でバランスがとれてしまうんです。世帯の中で、頼り頼られる関係です。私たちとしては、なるべくご本人に対して多くの選択肢を提供しながら、介護の負担を軽くして、自立へ向いていけるよう、一緒に考えていくという姿勢で支援を行うつもりです」

「8050問題」というパンドラの箱

介護が引き金となり、独身中高年が親と再同居した果てに、労働市場から消える「ミッシングワーカー」となってしまう深刻な事態を、支援の窓口ではどう捉えているのか。こうした問題が続々と持ち込まれるのが、二〇一五年四月に「生活困窮者自立支援法」が施行されたことをきっかけに設立された「生活困窮者自立支援窓口」だ。先の平坂さんが勤めている「名古屋市仕事・暮らし自立サポートセンター」も、名古屋市が設置した窓口の一つだ。

そもそも生活困窮者自立支援法がつくられたのは、非正規労働者の増加など、労働者の収入の低迷が続き、生活保護に頼らざるを得ない人が増え続ける恐れがあったためだ。最後のセーフティネットである生活保護制度をより持続可能なものにするためにも、そこに至る手前で手を差しのべる支援が必要とされ、いわゆる「第二のセーフティネット」として、生活保護に頼らない「自立」状態が続けられるよう、支援を進めることになったのだ。

法律の成立は、窓口が設置される前々年の二〇一三年一二月。それにもとづいて、窓口が自治体ごとに設置されると、生活上の困りごとが相次いで持ち込まれるようになった。中でも目立って多いのが、独身中高年の問題だった。いわば「ひきこもり」の問題で従来語られてきたテーマだが、独身で無職、親の年金に依存しているという条件が重なると、周囲に見えにくいことが多かった。それが窓口ができたことで、親からの相談という形で問題が顕在化するケースが急激に増えたのだ。

さらに無職の状態が長期化することで精神疾患などの複雑な問題も同時に抱えてしまうケースが多いなど、支援困難な事例が多いことも、窓口の担当者がこの問題に注目するきっかけとなった。その共通項から「８０５０問題」（親が八〇代、子が五〇代）とか「７０

４０問題」（親が七〇代、子が四〇代）などと呼ばれ、ケーススタディを積み重ねながら支援の難しさの中で試行錯誤が行われている。

　働き盛りの中高年が労働市場から「消えている」という問題がクローズアップされることになったのも、支援窓口ができたことで、「８０５０問題」が社会に知られることになったからだ。つまり生活困窮者自立支援法の枠組みの中で、「パンドラの箱」が開かれることになったのだ。

　そもそも厚労省は、介護の充実や生活困窮者の支援などを進めるために「地域」が主体的に動けるような地域包括ケアの枠組みを構築しようと、環境整備を進めてきた。地域にすでにある福祉パワーを結集し、求職者に対して就労を支援するなどの「自立相談支援事業」や、生活困窮者に対する「住居確保給付金の支給」、そしていわゆる「ミッシングワーカー」などの長期「ひきこもり」状態の人が就労につながる社会的経験を積むための「就労準備支援事業」など、様々な面から包括的に生活困窮に陥った人たちが自立するのを支援する体制を構築しようという狙いだった。

　この制度によって、自治体が何らかの相談窓口を設けるよう義務づけられたことで、生活困窮者支援の窓口が各地に設けられ、「ミッシングワーカー」の問題もそこに持ち込まれるようになった。

名古屋市では、市内三ヶ所に相談窓口が設けられ、行政から委託を受けた福祉団体などが運営に当たっている。その一つである「仕事・暮らしサポートセンター金山」（サポセン金山）は、社会福祉協議会が運営を行っており、先述の平坂さんは、名古屋市社会福祉協議会の職員として、サポセン金山の業務を行っていた。

支援の現場で注目され始めた「８０５０問題」――八〇代の親と、五〇代の独身中高年の子どもの同居世帯には、複雑な背景が横たわる。医療の進歩で親の超長寿化が進んだことで、子ども世代にとって長期間の介護を余儀なくされることが少なくない。この世代は「子どもが親を介護するのは当たり前」と考える世代でもあり、独身で親との再同居が可能な中高年世代が介護を背負い、いずれ負担が大きくなると無職となり、親の年金での介護生活になってしまうケースが相次いでいるのだ。

特に平坂さんは、長期間仕事から遠ざかり「ミッシングワーカー」となってしまうことで、親が亡くなった後も就労できず、「ひきこもり」状態で支援が困難になる事例が増えていると感じていた。だからこそ必要なのは、親が生きているうちから、子ども世代の介護の負担を軽くし、就労に結びつける支援だと考えるようになったのだ。

「世帯全体をどう支援するのか、親と子どものどちらかを支援するのではなく、世帯全体を見て考える必要性があると感じています。八〇代の親が介護サービスなどを利用していれば、ケアマネージャーが訪問して、子ども世代の問題に気づく機会にもなります。お子さんがひきこもっていたり、仕事をしていなかったりして、親の年金を頼りに生活していると気づいたケアマネさんたちから、この家族の支援をどうしたらいいんだろうと私たちのほうへ相談が回ってくるケースが多いんです」

「早期発見・早期支援」の重要性

「８０５０問題」の一〇歳下の世代で、七〇代の親と四〇代の子どもというケースも増えている。「８０５０問題、７０４０問題」とセットで語られることも多いが、じつは少し事情が違っている。

七〇代の親には、戦後生まれのサラリーマン経験者が多く、年金を潤沢にもらえている人が少なくない。一方で、四〇代の子どもは、戦後最悪の就職氷河期にもろに直面しており、非正規労働が急増した世代だ。経済的に自立できず、不安定な生活を送る人が少なくない。そのため親の年金に依存して暮らすことが多く、気づいた時には親の介護が必要な状況に陥っているケースが「８０５０問題」以上に散見されるという。

　非正規労働の経験しかない四〇代の独身中高年が、親が九〇代になるまでの二〇年間、親の年金に依存しながら無職で介護だけの生活を送っていれば、「親亡き後」に取り返しのつかない状況になってしまうのは想像に難くない。

　名古屋市に三ヶ所ある「サポセン」に寄せられた相談件数は、一年間で二七五五件（二〇一七年度）。そのうち四〇代、五〇代の子どもがいる世帯からの相談は、九七二件に上り、三割以上を占める。その多くは中高年の子どもが、介護のために働けなくなり、経済的に追い詰められているというものだった。

　こうした状況を踏まえ、平坂さんは親の年金があるうちに、生活困窮の根本原因である中高年の子ども世代の「無職」という状況を変えていくことが、問題の解決には欠かせないと感じるようになったという。

「『８０５０世帯』は、目に見える部分では、生活は成り立っているように見えます。ですがそれ自体は、結局は親の年金を頼りにしているから成り立っているので、やはり親亡き後、残された中高年の子ども世代がどう生活していくかということまで考えていくと、自立した生活が送れない方も多くいらっしゃいますので、深刻性は非常に高いと考えています」

生活困窮者の相談窓口が、あらゆる支援メニューを用意して、多角的な支援を進めているのは先述した通りだが、名古屋市のサポセンでも「８０５０世帯」に対して、様々な支援メニューを用意している。

一、自立相談支援事業
問題を抱えた家族が生活保護に陥らずに暮らしていくために、多様な相談に包括的に応じている。まずは、どんな問題があるのかを評価し、状態に応じて、それぞれの問題を解決していくための支援計画を複数、作成する。そして、家族が自立した状態を維持するために包括的かつ継続的な支援を行う。

二、住居確保給付金
無職、低年金などで収入が少ない世帯に対して、要件を満たす場合には、有期で家賃相当額を給付し、その間に生活を再建できるように支援を行う。

三、就労準備支援事業
長期間、働けない状態が続くなどして、すぐに就職活動をすることが難しい人に対して、就労に向けた準備期間、学習講座に参加してもらったり、職業訓練を受けたりするなどの機会を設けて、生活訓練や社会訓練を行い、就労に結びつけていく。

四、家計相談支援事業
　失業や債務問題など家計に課題を抱える人に対して、公的制度の利用支援、家計表の作成等の家計に関するきめの細かい相談支援を行う。

　平坂さんは、こうした支援メニューだけでなく、問題をこじらせる前に、つまり無職の状態が長く続かないうちに「早期発見・早期支援」することの重要性を強調している。「早期発見と早期支援が、問題解決につなげるための一つのキーワードです。様々な関係機関が連携することで、ご本人を支援していくという、いわゆる世帯丸ごとの支援を、今後進めていく必要はあるかと思います。八〇代の親には介護サービスが入っていれば、ケアマネージャーをはじめ介護のサービスをどう充実させるのか、という点から世帯を支援していきます。
　五〇代のお子さんが仕事を辞めて介護に専念しているという相談があった場合、何も介護サービスや福祉サービスを利用していない人は、結局、どこにもアクセスができないということで、相談先も知らないまま、孤立しているケースが考えられます。そうした世帯で、お父様、お母様がもしお亡くなりになった時、残された五〇代のお子さんにとって、どこにも相談先がないという事態に直面することになります。こうなると問題が長期化し、こじれてしまいます。

　早期発見するために、いかにこういった世帯の抱える問題が、私どものような専門機関に早く伝わってくるかという仕組みの整備が必要かと思います。そして縦割りで支援を行う関係機関同士が、情報や支援のあり方を横断的な形で共有できる場を、私どもがつくりながらネットワークを密にして支援をしていく。そういう取り組みが今後求められると思います」

離れて住む「決断」をした、ある父と息子

「サポセン金山」が早期支援に踏み込んだことで、親の年金に依存しながら介護をしていた父親と息子が、その状態から脱却し、自立に向けた出発を切ることに成功したケースがある。

　名古屋市の住宅街にある木造二階建ての「平均的な」一軒家を訪ねた時、迎えてくれた

のが藤井健一さん（仮名・四八歳）だった。大きな目がギョロっと印象的な藤井さんは、普段から分厚い眼鏡をかけて暮らしていた。ちょっとぶっきらぼうな話し方をするものの、「なんでも話を聞いて。隠すことなんて何もないから」と、当初から取材に理解を示してくれていた。

　父親を介護しながら男二人で暮らしているという家の中は雑然としていた。特に介護を始めた当初は仕事もしていたため、なかなか家の片付けまで手が回らなかったのだという。

　藤井さんは、高校卒業後、金属加工メーカーの工場で正社員として働いていた。この工場では、フォークリフトの資格を取得し、やりがいを持って働いていたが、三五歳の時に腰のケガや上司とのトラブルが重なり退職。その後は、他の金属加工工場や、空港の荷積みをする会社、食品工場の倉庫の仕事を転々としてきた。そして二〇一七年九月に父親の介護のために最後の会社を退職して以来、一年以上、無職で介護に専念し、仕事探しもせず「ミッシングワーカー」の状態に陥っていた。

　藤井さんは、一軒家で、父親の吾朗さん（仮名・七四歳）と二人暮らしをしていた。母親は二〇年ほど前に亡くなり、唯一のきょうだいである妹は、精神疾患を抱え、少し離れた病院に入院していて頼ることはできない。

仕事を退職する決断をした理由は、父親に認知症の症状が現れたからだ。すでに同居していたものの、互いに干渉しない生活をしていたため、父親の認知症に気づいた時は、かなり症状が進行しており、介護負担が重くのしかかったという。

「親父は歩くことができないから、認知症でも深夜に徘徊《はいかい》したりとか、そういうのがないのはいいんだけど、心臓発作で倒れる可能性もあるって言われているから目を離すことができない。でも僕にとって、一番大変だったのは排泄《はいせつ》かな。お風呂に連れていってお尻を洗ったりしたけど、もうそれがやっぱり一番嫌だったね。親父の子どもだからしょうがないって気持ちでやってたけど、下手したら死んでたね、今から考えたら。親父の首を絞めて、自分も死んどった」

閉ざされた密室での親子介護の凄絶さ

そのことを思い出す場所があると言って、藤井さんは、急な階段を上り、二階の部屋を案内してくれた。日頃は、吾朗さんが寝床として使っている部屋で、万年床と思われる布団が敷いてある。この時は、吾朗さんはデイサービスに行っていて不在で、布団だけが敷いてあった。

藤井さんが、おもむろに布団をめくると、下の畳に一杯に広がった「シミ」があった。そのシミの訳を藤井さんは話してくれた。

「親父が布団の上でおしっこ、うんこをしとるもんでこうなったの」

「気づいたらそういう状況になっていたんですか？」

「うん、気づくのが遅過ぎたってこと。（排泄などは）本人が処理をやってるもんだと思ってたの、結局」

「もっと早く気づいてあげられなかったんでしょうか？」

「そう思うんだけど、親父が自分はやれると言ってたの。その時は何か手伝おうとしても『何でやるんだ？』って、本人は言ってたから」

トイレへ行く手伝いをしようにも拒《こば》まれ、おもらしをしたことも言わないため、時間が経って気づくと、床にまでしみ込んでいた。後片付けは大変だったという。その片付けと親の尻を洗うことが、つらくてたまらなかったと話してくれた。

部屋の襖《ふすま》はビリビリに破られ、その上に張ってあった紙も無残に破れていた。それは、藤井さんのストレスが爆発した時に襖を殴り続けた痕跡だった。

「これはね、ストレスでやっちゃったもんで、全部俺が穴を開けた。親父と言い合いになってね。本人に手なんか出しちゃいかんから、これに手を出しちゃったの」

どことなくすえた臭いが漂う部屋には、閉ざされた父と息子の介護の凄絶さが凝縮されていた。

夕方、父の吾朗さんがデイサービスから帰ってきた。藤井さんは、吾朗さんを車いすから降ろし、靴下を脱がせる。こうしたことも、藤井さんの手を借りなくては一人ではできなくなっていた。

「薬飲んだ?」

「飲んどる」

藤井さんは吾朗さんの両脇を抱えて、一歩ずつ階段を上り、二階の部屋の布団に寝かせた。

「これでいいか?」

「おう、わかった」

「じゃあ、ゆっくりしてな」

「おう、わかった」

吾朗さんは、短い会話のやりとりはできるようだが、足腰が不自由で階段を上がるのも藤井さんの支えがなければ難しい。認知症の症状が進んでいるせいか、気性もやや荒くなっているようだった。

親のためにも自分の人生を取り戻す

介護に専念するようになった藤井さんを心配したのが「サポステ金山」で「８０５０問題」の難しさを見てきたスタッフたちだった。藤井さんが無職になって八ヶ月。彼らは、藤井さんがもう一度働くための支援をしようと動き出した。これ以上無職の状況が続くと、再就職が難しくなると判断したためだ。

具体的には、繰り返し再就職を勧め、そのためには父親の吾朗さんに施設に入ってもらうしかないのではないかと提案した。幸い、吾朗さんの年金は月額二三万円ほどあり、介護施設に入所するのに十分な額だった。

もちろん住み慣れた家で暮らしたいという父親を思う気持ちはあったが、藤井さんには自分の将来への不安や焦りもあった。そして介護を一人で背負い続けることが自分や親にとって本当に最善なのかを考えに考え、悩んだ末に吾朗さんに特別養護老人ホームに入所してもらおうと決めた。

最終的にどの施設に入るのかを選んだのは父親の吾朗さんだった。藤井さんは、認知症であっても本人の意思を尊重したいと、「平屋建ての施設が暮らしやすそうだ」という父親の意見を聞き、選んだ施設に申し込むことにした。

「本人がどこまで覚えているかはわからないんだけど、やっぱり本人には人権があるからと思って。それを大事にして、僕は選びました。これから一緒に暮らしていけるのかって言われたら、いつかはできなくなる。親だから面倒を見たいっていうのはあるけれど、これから自分は三〇年は生きるから。その三〇年を大事にしたいから。だからこの選択肢を選んだんです」

介護をいったんは選択したものの、ジレンマや葛藤を抱え続けてきた藤井さんは、迷っていても仕方がないと吹っ切るように、離れて暮らすことを決断したと話してくれた。親思いの藤井さんだからこそ出てきた、「親のためにも自分の人生を取り戻す道を選んだ」という言葉。介護を言い訳にして、働かない状態を続けてはならない――藤井さんは退路を自ら断って、覚悟の選択をしたのだ。

「世帯分離」の前に立ちふさがった困難とは

しかし施設への入所にはもう一つ、壁が立ちふさがっていた。父親の年金を管理している藤井さんが無職であり、さらにその年金に依存して暮らしている状態だったため、施設側から入居料がきちんと支払われる保障がないとして、申し込み手続きを止められてしまったのだ。

親を施設に入所させられなければ、再就職は難しい。もはやここまでか、と藤井さんが絶望的になりかけた時、再び助け船を出したのが「サポステ金山」のスタッフたちだった。父親の吾朗さんに「成年後見制度」を利用して、後見人を選定し、第三者が財産を管理できるようにしたのだ。こうして吾朗さんの年金や財産を、成年後見人である弁護士に管理してもらえるようになったことで、施設側も支払いについて心配がなくなり、申し込み手続きが再開し、入所が決まった。

吾朗さんが入所するのは、自宅から車で二〇分ほどの距離にある特別養護老人ホームで、会いに行くことも負担ではない距離だ。このまま介護を続けていたら、自分はダメになっていたかもしれないと、藤井さんは介護の過酷さを明かしてくれた。

「正直、働くほうが楽ですよ。親父の面倒を見ていることと比べればね。そのストレスは半端ではなかった。認知症になってから、おかしくなっていくのを見ていたからね。本当につらくて、これを続けていたら、下手したら死んでいてもおかしくない。じいさんの首を絞めて、自分も死んでいたよ。一人で背負ってしまっていたらね」

介護サービスを利用していた時も負担はある程度軽減されていたが、それでも藤井さんは働く余裕を持てなかった。しかし父親に施設に入ってもらえば、働くこともできるし、自立した暮らしを取り戻すことができる。それを選択してもいいのだとケアマネージャーやサポステ金山のスタッフらに繰り返し説得された結果、藤井さんは離職してから早い段階で決断することができた。

「自分の親は、絶対、自分より先に亡くなるもんだから、ずっと甘えとるわけにいかんし、自分の人生は、自分自身で切り開いていかなくちゃ。生きていくために必要なことと思ってやっとるだけ。プライドなんて、もうない。プライドは一切ない」

引っ越しの日の親子の様子

いよいよ吾朗さんを特別養護老人ホームへ送り届けることになった前日、藤井さん親子がどう過ごしているのかと訪ねた。

藤井さんは、自宅で父親に振る舞う最後の夕食を準備していた。メニューは父親が大好きなカレーライス。といっても料理が得意ではない藤井さんのカレーライスは、レトルトのカレーをお湯で温め、炊きあがったご飯にかけるだけの料理だった。大きな皿に山盛りのご飯を盛り付け、そこに熱々のカレーをかける。驚くほど大盛りのカレーだった。それを二階の父親のもとへ運んでいく。

「親父は、食欲は旺盛なんですよ。だから、いつも大盛り」

吾朗さんは、それが「最後の晩餐《ばんさん》」だとわかっているのか、じっと静かに待っていた。

「親父、ご飯」

「ああ、ありがとう」

「はい、新聞敷いて。はい、ご飯な。ここに水置いとくぞ」

「おい、本当にカレーだな」

「ゆっくり食べてな」

「おう、ありがとな」

「今日、最後だでな。家でのご飯」

「おう、わかった」

「明日は九時から準備しだすでな」

「おう、わかった」

「ゆっくり過ごしてください。自分なりに」

「はい、ありがとう」

「ここに来て五〇年。何があったかって自分で思い出してやり」

「うん」

「本当に今日、ここ最後だで」

「おう、ありがとう」

藤井さんがカレーを置いて、部屋を出て行くと、吾朗さんは一人でテレビを見ながら、黙々とカレーを食べ始めた。カレーを食べ終わった吾朗さんに、今の気持ちを聞いてみた。

「カレーは好物ですか？」

「うん。めったに食べれん。金かかるもん」

「このお家は住まれて長くなるんですか？」

「五〇年だね」

「息子さんとも長く暮らしていたんですね」

「そうです、そうです」

「これから老人ホームに行かれますが……」

「老人ホームへ入るようなことはないでしょ、ここにおれば。自分の家だから。借金ないから、もう。払っちゃったから」

「明日、場所を移られて……」

「どこへ移る？」

「施設のほうに……」

「施設へ移るということはないでしょ、私は別に。自分の家だから」

「そうですね……」

吾朗さんは、自宅を離れて施設に移り住むことを「わかった」と言いながら、理解していなかったような素振りを見せる。

「これまでの人生で一番思い出に残っていることはなんですか？」

「悪いことせずに、真面目にやってきたということだけだわ」

「真面目に？」

「そうそうそう。何も悪いことしたことないから。多いでしょ、うそばっかりつくやつ。

そういうことないから」

「……これからもぜひ元気でお過ごしください」

「はい、わかりました」

吾朗さんは、高校を卒業してから五〇年余り、タクシーの運転手としてコツコツと真面目に働いてきた。妻を早くに亡くしたが、一軒家を建て、男手一つで二人の子どもを育て上げた。認知症になっても、自分のことは自分でしようとしてきたが、そのうちにできないことが多くなり、息子の負担が大きくなっていたことはわかっているようだった。

施設に入る父親からのエール

施設に移り住む日がやってきた。藤井さんは朝早くから荷物の準備をバタバタとしていた。車に荷物を積み込むと、二階に上がり、まだ寝ている吾朗さんに声をかけた。

「親父、起きて。行くぞ、準備するぞ」

「どこに行くんだ？」

「施設」

「なんで俺が施設に行かなあかんだ」

語気が荒い吾朗さんに藤井さんは声をかけ続けた。藤井さんの声もいつの間にか、荒々しくなっていた。

「ああ、もうわかったって。あなたのこれからのおうち。行く準備するよ」

「ああ、お前が行け！　俺は行けへんわ」

藤井さんは、抗《あらが》う父親をなだめるように、無理矢理立たせて、階下へ連れて下りた。

「いいか。立っちするぞ」

「ああ」

「よいしょ」

息子に引きずられるように階段を下りながら、さらに吾朗さんは怒鳴り続けた。

「今日、なんで施設に行かなあかんだ」

「あなたの新しいおうちへ行くの」

「バカヤロー、行けるか。行けせんわ！　行けせんわ、もう！」

「何をわがまま言ってるの、約束したでしょう」

「行けせんわ」

「準備するよ。あなたのこれからの人生のために、新しいとこに行くの」

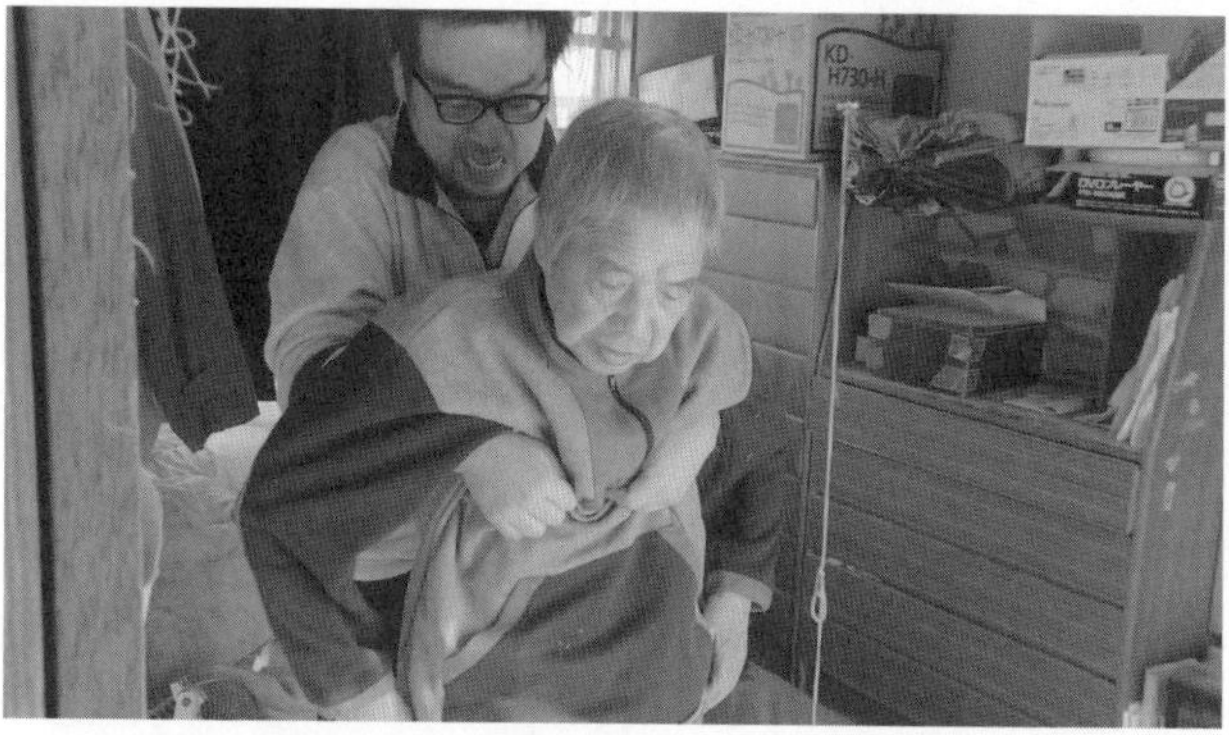

後ろから抱えるようにして、父の吾朗さんを立たせようとする藤井さん

藤井さんは、吾朗さんをなんとかなだめ、歯磨きやトイレなどの準備をさせて、車に乗り込んだ。車の中ではほとんど会話もないまま、特別養護老人ホームに到着。吾朗さんは、これから暮らすことになる部屋のベッドに腰掛け、呆然としていた。藤井さんが部屋の棚に衣類を詰めながら聞いた。

「親父、ここに置いといていいか？」

「そこに置いておいていいよ」

部屋に衣類ケースを置き、当座必要な着替えなどをしまい込むと、藤井さんは自分を奮い立たせるように、吾朗さんに語りかけた。

「何か要るもんがあったら言ってな、ちゃんとな。とりあえずのもので今は用意したで」

「よしわかった」

「頑張れよ」

「おう」

「俺もこれから自分のことをきちんとやり出さないかんからさ、頼むぞ」

吾朗さんはもう声を荒げることもなかった。新しい暮らしが始まることもどこかで理解していたのかもしれない。部屋を出て行く間際に、藤井さんが「じゃあ」と声をかけると、吾朗さんが返した。

「もう一生来るな」

父親から返されたエールだった。「俺は大丈夫だ、おまえこそ頑張れ」という思いを感じ取ったのだろうか。藤井さんは微笑んで部屋の扉を閉めた。二人にとって、新たな門出だった。

「ミッシングワーカー」からの脱却

「今の率直なお気持ちはいかがですか？」

「第一段階が終わったなという感じ。これから自分の生活を立て直して、そこからだね」

「自信はありますか？」

「やってみなわからん。正直に言って、世の中、甘いもんじゃないから、厳しいからさ。

自分のやれることをどんどんやって、それで生活してかないかんから」

「どういう未来を描きたいと思っていますか？」

「未来？　まだ明日もわかんないから、まだ暗い。暗いけど、それを明るくするだけ。自分自身で。以上です」

その後、藤井さんは、前の会社で取得していたフォークリフトの資格を活かして、広大な市場で荷物を運搬する仕事を見つけ、その会社に就職が決まった。その仕事を、藤井さんは長続きさせたいと願っている。

父親の吾朗さんも、施設での暮らしに慣れ、穏やかな時間を過ごしているという。親子にとって、互いの未来を守るための選択。「ミッシングワーカー」から脱却した藤井さんは、そんな人生の選択を「良かった」と思っているようだった。

第二章

労働者はいかに社会から「消える」か

「ミッシングワーカー」から抜け出せない人

親と同居しているうちは、親の年金でなんとか生活が成り立っているため、無職の中高年の子どもがいわば「ひきこもり」となっても、問題が顕在化しにくい。そして親亡き後、問題が顕在化する頃には、どうしようもなくなっているケースが少なくない。

私たちが出会った男性も、自分ではどうしようもなくなり、「ミッシングワーカー」から抜け出せずにもがいていた。二〇一七年一一月中旬、名古屋駅から名鉄河和《こうわ》線に乗って三〇分、愛知県半田市の住宅街にある一軒家に、私たちは向かっていた。

一階は店のような造りで「布団店」の看板が掲げられているが、シャッターは閉まっていて、窓からこぼれる明かりも見えず、中に人がいる気配もない。本当に人が住んでいるのかと少し緊張しながらドアのインターホンを押してみたが、電池が切れているのか音が鳴らない。

仕方なくドアを開け、「ごめんください」と何度か呼びかけた。ひんやりとした家の中は、少しすえた臭いが漂い、どことなく埃《ほこり》っぽさもあった。しばらく待っていると「はーい」というやや甲高《かんだか》い声が聞こえ、二階から降りてくる足音が聞こえた。

現れた男性は、身長一七五センチほどだろうか。緑色の寝間着のような服の上にチャンチャンコを羽織っていたが、明らかに体が薄く、極端に痩《や》せていた。頬はげっそりとこけ、口元には、剃《そ》り残しの無精《ぶしょう》ひげをはやしている。そして落ちくぼんだ目だけが、異様に光って見えた。外見にぎょっとして、一瞬、言葉を失った。

しかし男性は気にする風でもなく、「どうぞお上がりください」と、甲高いが優しげな声で、家の中に通してくれた。これが佐々木哲夫さん（仮名・五七歳）との初めての出会いだった。

佐々木さんは、私たちを玄関から一番近い部屋に案内し、「電気代がもったいないのでいつもは暖房を使ってないんです」と少し恥ずかしそうに、部屋のエアコンのスイッチをつけた。

「親の介護などで離職し、仕事探しもできなくなった中高年の人たちの実情を取材し、番組で伝えたいと思っています」

これまで数多くの方々に同じように取材をしてきたが、「働いていない自分をテレビで出されるのはつらい」と、多くは断られてきた。佐々木さんに受け入れてもらえるのか、緊張して待ち構えた。佐々木さんはしばらく逡巡《しゅんじゅん》していたが、それでも最後にはきっぱりと次のように答えた。

「全員が私の境遇に共感してくれるとは思いません。でも一人でも僕の状況をわかってくれたらと思います」

親の遺産で食いつなぐ日々、預金が底をつく恐怖

介護していた父親を六年前に亡くした佐々木さんは、それまで父親と暮らしてきた家に今は一人で住んでいる。介護から解放され、時間的な余裕はできたが、再就職をしようという気持ちになれず、無職のままだ。しかし、生活保護は受けていない。「とにかく生活費を切り詰めている」という。

無職のため、当然給料などの賃金収入はない。唯一、自宅の隣に小さな駐車場があり、そこから月五万円ほどの実入りはある。貯金は、父親が残した三〇〇〇万円だけだ。家計簿として使っている大学ノートを見せてもらうと、スーパーのレシートが几帳面に貼り付けられていた。

月の食費などの生活費は一万五〇〇〇円。一日に直すと、わずか五〇〇円で生活していることになる。光熱費も月一万五〇〇〇円。月の出費は三万円ほどに抑えられていた。貯金が減っていかないよう、限界まで日常生活の出費を減らして生活しているのだ。

「預貯金を取り崩していますけど、預貯金だけでは足りないんです。僕の保険やなんか、生命保険も全部取り崩していますよ。取り崩して税金を払って、なんとか生活しているんです。将来の不安はもう目の前にあるんです」

佐々木さんをここまでの「節約生活」に追い込むもう一つの理由が、年金だ。これまで家計に余裕がなく未納の時期があっただけでなく、五〇代の今も年金保険料を払っていない。このままでは受給できる年齢になったとしても、月五万円に満たない。父親が遺した遺産を少しずつ食いつぶしている現状では、将来に不安しかなく、その不安にさいなまれ、怯《おび》えながら、佐々木さんは「節約生活」を送っていた。

「年金保険料を毎月払うのは難しいし、払い続けなければ、もらえる分は少なくなる。しかも、もらえる年齢も延びるかもしれない。それでも生活をしていかないといけない。生きていかないといけない。生きていくためにはお金が要る。ところが、遺産なり貯金を食いつぶしてなくなったら、他にないんですよ。食いつぶしたら、もうその時点でアウトです」

介護の負担が重くなり、体重が激減した佐々木さんは、親が亡くなり、介護の負担がなくなった今でも体重は減ったままだ。一七五センチの身長で体重が五〇キロないという体型は、異様なほど痩せていて、健康面でもひどく心配だが、預金が目減りしていく恐怖から、節約を自分に強《し》いていて、最低限しか食べないようにしていた。

「今では体重は五〇キロに届かなくなりました。なぜ体重が増えないのかというと、食べないんですよ。一時期は四〇キロまで落ちて。その頃、たまたま市役所に行ったら、保健センターで健康診断を勧められて、体重測定をしたんですけど、『えっ？　体重計が壊れてるんじゃないの？』と言われました。この身長だったら六〇キロ、七〇キロあって当たり前ですよって。四〇キロなんて、何を食べているんですかと。もう考えられないと言われましたよ。でも、やはりお金だと思うんですよ。栄養はとらないといけないと思うんですけど、最低限の栄養はとりつつ、お金を残す。なるべく貯金を減らさないようにする。もうそれしか考えていないんです」

　節約し、外出もせずに家にひきこもる生活を続けてきた佐々木さんは、今の生活にはなんの楽しみも潤《うるお》いも癒やしもないと繰り返し語った。介護のために「ミッシングワーカー」となり、親亡き後も、労働市場に戻れない孤独な日々を続けていたのだ。

「今の生活は、乾燥している状態ですよね。だから、もう『ひび割れ』状態というのか、なんて言うんだろう。田んぼに水が潤って稲穂ができるじゃないですか。普通はそういう状態だと思うんですよ。ところが僕の場合は、田んぼの水が渇き切っちゃって、稲穂が一本も育たない状態ですよね。じゃあ、その水——結局、水というのはお金なんですけど、どこから持ってくるかといっても、まったくその当てがない。当てがないけれども、それでやっていくしかない。人から見ますと、『こういう状況をあんたが選んだんだから、仕方ないよ』って言うかもしれないけれども……」

選んだわけではない、と佐々木さんは思っていた。もともとは親の介護が発端だからだ。しかし今、働こうと思えば働ける環境にあるにもかかわらず、就職活動はおろか、人と会うことさえ避けるような生活をしている。佐々木さんは、そんな自分を振り返り、言葉を飲み込んだように見えた。

順調だった正社員時代

佐々木さんは、どのような人生を歩んだ末に、「ミッシングワーカー」になったのだろうか。そして、どこに人生の分岐点があったのだろうか。

一九六〇年に、名古屋市の布団店の家庭に、三人きょうだいの長男として生まれた佐々木さんは、両親と弟、妹に囲まれて育った。いつも笑いの絶えない明るい五人家族だった。

一家は、佐々木さんが小学生の頃、愛知県南部の半田市に引っ越した。高度経済成長を続けていた頃は、半田市周辺も活気があった。とりわけ綿産業がさかんで、家業の布団店も順調だったという。

大学を卒業後、佐々木さんは実家を離れ、電池メーカーの正社員として働き始めた。職場では、マラソン同好会に入り、全国各地の市民マラソン大会で完走するのが目標だった。今も自宅には、埃をかぶったマラソンシューズが保管されている。もう走ることはできないと言うが、どうしても捨てられないのだ。

「初めはマラソン、嫌いだったんです。なんでこんな苦しいことをやらないといけないんだって。それが面白くなってきたのは走れるようになってからですね。『努力は裏切らない』とよく言いますけど、頑張って練習して、苦労して積み上げると、市民レースに出場できるくらい走れるようになった。それが楽しかったんですね」

マラソン同好会に入ったのは、社長が走ることが好きで、新入社員は必ず参加しなければならなかったからだ。長距離を走った経験がなかった佐々木さんにとって、最初は一〇キロを走るだけで、筋肉痛が翌日から一週間以上続くこともあった。

しかし走れるようになってくると、面白くなってきて、大会でも記録を目指して走るようになっていった。

「一年ぐらい経つと、競技大会に出られるようになって、初めての大会で一〇キロを五〇分以内で走れた。それで手応えがあって、もっと上を目指して走るようになったんです」

家に残っているマラソン大会の記録帳には、大会の場所や走破時間だけでなく、会場までの移動経路から交通費までが綺麗な字で書き込まれている。佐々木さんの几帳面な性格がうかがえた。

毎日のように走るようになり、それが大会での記録につながりだした佐々木さんは、次第に走ることを通して、自分が生きる意味を考えるようになっていった。

「大げさに言うと、走ることが生きがいっていうのか、生きている証《あかし》と言うと言い過ぎですけれど、自分がこれをやっているから支えられている、ということでもあったと思います。だから、人からなんと言われようと走り続けたんだと思います」

介護をさらに追い詰めた認知症の症状

だが二年後、そんな状況が一変する。父親から家業を継いでほしいと頼まれたため、会社を退職して実家に戻ることになったのだ。当時、二〇代だった佐々木さんには結婚を考えている交際相手がいた。しかし実家を継ぐと告げると、彼女は去っていった。

両親とともに布団店を切り盛りするようになった当初、経営は順調で、製造から販売までを行っていた。布団に綿を詰める工場も所有していたのだ。しかし間もなくして佐々木さんを不幸が襲う。二八歳の冬、母親が交通事故で突然亡くなったのだ。

それは昭和天皇が崩御した一九八九年（昭和六四）一月七日の少し前のことだった。亡くなる数日前の正月には父、母、弟、妹、佐々木さんの家族全員で、山岳観光の名所である乗鞍岳《のりくらだけ》や、周辺の観光地を巡る旅行に出かけていた。その時の家族写真が残っている。父親は、旅行中に白川郷《しらかわごう》で撮った写真を気に入って、写真立てに入れて居間に飾った。それが今もそのままになっていた。

その後、弟、妹が相次いで結婚し、家を出ることになると、家族は離ればなれになっていった。さらに母を失って三年後、父親が脳の難病にかかり、身体機能に少しずつ不自由が出てくるようになった。布団店を営みつつ、父親の面倒も見るという、佐々木さんの「二重生活」が始まった。

その頃、岩倉の五条川のほとりを走るマラソン大会に佐々木さんは出場した。父親の介護の負担が大きくなり、これを最後の大会にしようと決めて走ったレースだった。

「レースが終わって、シューズを洗うんだよ。涙がこぼれましたよ。もうこれで終わりなんだなあって思って。これでもう走ることはないんだと思うと、もっと走りたいという気持ちになって。走りたいけど走れない、もう走ることを許されなかったんですよ。走るってなれば、誰が父の介護をやるんだと」

佐々木さんは、自分が走っている時の写真を今も大切に持っているが、様々な苦労を背負い込むことになったことで、もう走りたいとは思えないと語った。

「なぜあの時は走れたかというと、やはり気力が充実していたことと、何も苦労がなかったからだと思うんですよ。もちろん練習は苦しかったですけれどね。あの後、どんどん苦労を背負い込むことによって、結局、走ることが娯楽だと見られることが怖くなって、走ろうと思えなくなってしまったんです」

一人で父親の面倒を見るようになった佐々木さんをさらに追い詰めたのが、父親に認知症の症状が現れたことだった。それまでは、会話を交わすこともできていたのが、話せなくなり、次第に表情も失われていった。

佐々木さんが、父親を介護していたという一階の部屋を案内してくれた。辺りを見回すと、壁には訪問介護のスケジュール表や、胃ろうの薬剤の入れ方の手順を記したメモが張られたままだ。その理由は、父親の面影を消し去ってしまうと寂しいからだという。

「残しているというより、片付けられないんですよ。ここで介護をやっていて、この部屋に来れば、父親はいないんですけれど、まだいるような感じがする。これを片付けてしまったら、完全に父の存在がなくなってしまうような。だから、気持ちの支えなんです。張り紙とかを見ると、自分はこんなことをやっていたんだなと思ったり、もっと大変な苦しいことがあった時、少しは頑張れる気持ちになれるんです」

佐々木さんも、一度は父親を施設へ入所させることを試みた。しかし父親が自宅に帰りたいと施設で暴れたため、受け入れてもらえず、在宅での介護を選ばざるを得なかった。

「父がどうしても、在宅を望んだものですから。じゃあ、誰が介護するかっていうと、自分でやるしかなかった。施設へ入れたほうがいいという意見もありましたが、本人の意思をこちらの都合で奪ってしまっていいのかって思ったんです。父に対してはできるだけのことはやりたかった」

訪問介護サービスを利用していたものの、それ以外の時間は、おむつ交換などの排泄物の処理、食事の介助などを佐々木さんが自ら行っていた。介護をしていた部屋の壁には、父親が亡くなる直前に、介護サービスの担当者に撮ってもらった写真が貼ってあった。

ベッドに寝た父親に寄り添うようにしている佐々木さん。親子二人の写真だ。そこには、今よりもさらにガリガリに痩せこけている佐々木さんの姿が映っていた。

「亡くなる直前、本当に一ヶ月、二ヶ月前ぐらいの写真ですね。入浴サービスに来てくれた方が『お父さんと一緒に写しましょうよ』って。笑顔をつくってと言われたんですけれど、笑顔じゃなかったですね。笑顔をつくろうとしても、笑顔にならなかった」

就労支援などの制度だけではなぜ不十分か

「在宅介護」という選択をして、父親を施設に預けずに自分で介護すると選択したことが、結局、佐々木さんの人生を左右する分岐点となった。

「もう四六時中、昼間だろうが真夜中だろうが、時間を問わず呼び出されるんですよ。『オーイ、オーイ』とね。何かなと思って（下の階に）降りていくと、もうシーツが便でベトベトですよ。結局、おむつの中がもういっぱいになって、そこからあふれちゃって。それでシーツが濡れて気持ち悪いんで替えてくれと。自分では替えられなかったんで、替えてくれと言うんですけど、寝たきりの人のシーツを替えるっていうのが大変で。しかもそれが昼間ならいざ知らず、真夜中に言われちゃうと、僕のほうが怒りを感じちゃうんですよね。本当に大変でした」

当時、父親を施設に入れるかどうかについて、きょうだい間で意見が分かれたという。弟と妹は、無理だから施設に入れるべきだと主張したが、佐々木さんは施設を嫌がる父の気持ちを尊重し、自分が在宅で面倒を見ることを決めた。

「でも、もし自分のことを優先して、父を見放していたら、父が亡くなった後、後悔していたとも思うんです。だから、在宅で介護したことを後悔していない、つもりです……」

一方、家業の布団店は、量販店の安価な布団に押され、業界全体も右肩下がりに。さらに父親の介護に忙殺され、仕事に費やせる時間が減ったため、得意客も離れていった。そして四六歳の時に布団店は廃業。今も自宅の隣に、布団をつくる小さな工場が残っており、布団をつくる工作機械が二台、埃をかぶっている。空いたスペースには、布団の綿が大量に放置されていた。

「僕がふがいなかったということですよね。父が、僕が跡を継ぐということで、この機械を買ってきたんです。でも介護だとか、時代の流れだとかあったんでしょうけど、結局、父の思いに添えなかったということですよね。本来なら仕事と介護の両立が理想だったんですけど、残念ながら機械をとめざるを得ない状況に追い込まれてしまったんです」

親の介護と仕事をバランスさせることの難しさを、佐々木さんのケースは示しているのではないだろうか。そして、佐々木さんのように生来真面目な人ほど、自らの人生を追い込んでしまうのではないか、そう思えてならなかった。

献身的な介護を続けたものの、佐々木さんが五一歳の時、父親は亡くなった。介護を終えた佐々木さんは、自らの生活を立て直すために、仕事探しを始めた。だが、ハローワークに通っても、五〇代で佐々木さんに合う仕事はなかなか見つからなかった。

それでも探せば働き口は見つかるはず、「甘え」ではないかという意見もあるかもしれない。しかし長年社会との接点が絶たれた中高年で、体調にも問題を抱えている佐々木さんが、雇用市場でもっとも厳しい立場に置かれていたことは間違いない。何より「ミッシングワーカー」状態の長期化によって、働く自信すら失われていた。

「率直に言って、情けないという面はやっぱり否定できません。働く意欲がないっていうのか、自信がないっていう感じでしょうかね。働くには健康でないといけないけども、求められるところがない。その……、なんて言うんだろう。もうスーパーのレジ打ちでさえちょっと僕はついていけないと思うぐらい、もう仕事から離れてしまった部分があって、それが壁になってるっていうんですかね」

佐々木さんが働く自信を持てない理由はもう一つあった。それは先に述べた体調面の問題だ。介護をしていた時に痛めた腰が治らず、今でも立ったり座ったりするだけで腰痛に襲われるのだ。なぜ腰痛持ちになってしまったのかと聞くと、一枚の写真を見せてくれた。車いすにのせた父親と、それを押す佐々木さんが一緒に花見をしている写真だった。

佐々木さんは、父親が喫茶店でコーヒーを飲みたがったり、外を散歩したがったりと外出したがる度に、自分より倍ぐらい重い体を抱え、ベッドから車いすに一人で移動させなければならなかった。遠出する時には、さらに車に乗せなければならないこともあった。それは細身の佐々木さんにとって重労働だった。

「動かないものですから、ものすごく体重が重く感じるんですよ。父親を抱えて、ぐっと持ち上げるんですけど、腰が入らずに立っちゃうことがあるんです。そうすると、痛みが走る。二度、三度と同じところを痛めるうちに、治らなくなる。もう止めなさいと言われることもありましたけど、父は介助がなければ外出できない状態でしたし、僕は、父の願いを最大限かなえたかったんです」

今も腰が痛むという佐々木さんは、洗濯物を干しながら、何度も腰をさすっていた。

「ちょっと腰をかがめると、やっぱりね。夏場はまだいいですけど、冬場は動きも鈍くなりますね。お医者さんには、だましだましやってくださいって言われていますので、まだ時間がかかるんですかね。もう一生、陸上をやっていた頃には戻れない状態ですよね。介護によって、陸上を失ったということなんでしょうかね」

長い介護生活は、佐々木さんに慢性病も発症させていた。前立腺肥大という病気で、これ以上、症状が悪化すると、排尿不全に陥るため、薬は毎日欠かさず飲むように主治医から言われているという。

「朝、夕食の後に、薬を飲んでいますが、ありがたいのはジェネリックなんですよ。安くいただけて助かっています」

仕事を探すことさえできない自分を佐々木さんは「情けない」と自《じ》嘲《ちょう》する。しかし、病気や腰痛などで、普通の人と同じように働くことができない状態であることも現実だ。だから、仮に自分が働こうとしたとしても、雇ってくれる企業などあり得ないと思い、完全に仕事をする自信を失ってしまっていたのだ。

「今まで何をしてきましたかって聞かれたら、介護しかやっていませんと。そんな人間、企業が引き受けてくれません。何かあったりすれば、休みます、体調悪いですと言われたら、そんな人間もういいだろうって思いますよ。身体も悪くて病気もあって、介護しか知らなくて、周りのこともよくわからない。そんな人は、おそらくアルバイトでも雇ってくれないと思う」

こうした実状を知らない人から「なぜ再就職しないのか」と問われても、佐々木さんは答えようがないという。

「人が再就職したほうがいいとか言いたいなら、もう言ってくださいという状態ですよね」

「ミッシングワーカー」が労働市場に戻るためには、今ある就労支援などの制度だけでは不十分であることを、疲れた表情が物語っていた。

「心訓」が彫られた木彫りの飾り板

佐々木さんの自宅には、父親の遺品で大切にとってあるものがいくつかある。その一つが、『福澤心訓』と呼ばれる教訓が彫られた木彫りの飾り板だ。ある日、父親が旅行先で買ってきて、それからはいつも見られるようにと茶の間に飾っていた。

そこには、人間が幸福であるための訓示が書かれている。特に気に入っていたのは、「一、世の中で一番尊いことは人のために奉仕し決して恩に着せない事です」という一節だ。

「人のために奉仕しても恩に着せずにいることが幸せだと、そういったことではないかと思うんです。おそらく父からすると、昔は当たり前だったことが忘れられていったように感じられ、だから常に目に入るところに置きたかったんだと思います」

仕事に厳格で妥協を許さなかった父親は、昔ながらの職人気質だった。その父親が好きだった木彫りを見る度に、佐々木さんは二人の思い出が頭をよぎるという。

こんな訓辞もある。

一、世の中で一番楽しく立派なことは、一生涯を貫く仕事を持つと云うことです。

一、世の中で一番さびしい事は、する仕事のないことです。

父親の介護に尽くした結果、働くことを諦め、仕事を持つことができなくなった佐々木さん。この訓辞を今、どう見ているのか尋ねた。

「生涯を貫く仕事を持つことができなかったっていうことですよね。僕の生きがいは何かって言われたら何もないですよ。楽しいですかって言われたら、楽しいことは、やはり何もないと。じゃあ、この先どういう仕事を持つんですかって言われても、それも答えられない。楽しいことは、もうこの先あり得ないのかなと思う。ましてや、笑ったりすることは、恐らくこの先ないだろうという気はしています」

父親が亡くなり、年金収入を断たれた佐々木さんが、もっとも節約しているのが食費だ。毎食一人で食べるため、見た目や中身にこだわることもない。ただ、生きるために食べている、という印象だ。

「おいしい味に慣れたくない」

ある夜、佐々木さんが、これから夕食をつくるというので、その様子を撮影させてもらった。佐々木さんは台所に行き、手慣れた様子で食事の準備にとりかかった。案内されたキッチンは、いたる所にレトルト食品などが散乱し、冷蔵庫や電子レンジの上には、薄雪のように積もった埃。ガスコンロの壁には、茶色の油がべっとりと付いていた。佐々木さんは、それらを気にする風もなくエプロンをつけ、冷蔵庫から野菜と肉を取り出して切り始めた。

「料理は得意なんですか？」と聞くと、こちらの意図とは違った角度から答えが返ってきた。

調味料を使わない食事を黙々と食べる、佐々木さんの食事風景

「得意じゃないですけど、毎日やっているので、まあまあ出来るようになっているっていう感じですかね。包丁を使うのは苦手だったんですけど、指を切ることもなくなりました。ただ、調味料の使い方がわからない。みりんをどう使う、醤油をどう使うっていうのがわからないから、そういうものは使わないんです」

そう言うと、佐々木さんは野菜や豆腐、肉などをフライパンで炒め始めた。そして火が通ったところで火を止め、皿に盛り付けた。

「これで終わりということなんです」

「味付けはどうされるんですか?」

「ないんです。調味料は使わないんですよ」

「え、そうなんですか?」

「ええ、まったく使いません」

「えっ？　おいしいですか？」

「いや、味はまったくしません。調味料はなしです。だから、おいしくはない。おいしくはないけど、栄養のために食べているっていうことですよね。他の人から見たら、これが食事ですかっていうのが、僕の食事ということです。塩も使わない、醤油も使わない、みりんも、胡椒も使わない、何も使わないっていう状態ですよね」

佐々木さんが味のない料理をつくるようになったきっかけは、消費期限切れの調味料を見て、もったいないと思ったことだった。一人暮らしの場合、調味料を使わないまま消費期限が切れてしまうことはよくある。確かにもったいないが、だからといって節約に塩胡椒すらしない、「味のない」料理を食べる必要があるだろうか。

「おいしくはない。味もないですよね。やっぱり甘いとか辛いとかっていうのは、まったくないですし……。でも、おいしい味になれてしまうと、一番困るんですよね。おいしい味になれてしまうと、すぐに外に食べに行きたくなるから」

佐々木さんにとって、食卓はもっとも寂しさを感じる場所だった。かつては、家族五人で囲んだ食卓。父親を亡くした後、その食卓で涙が止まらない日が続いた。

「父が亡くなって一人になった時、ここにいると涙がこぼれてくるんですよ。涙をこぼしながら食べる日が週のうち三日、四日、五日ぐらいあったんじゃないかと思います。五人で食卓を囲んでいた頃は、母の料理が何品も並んでいた食卓に、ふと気づいたら自分一人しかいない。その差っていうんですかね。父がいた頃は、それでも家族二人だったわけですけど、完全に一人になってしまって、夜になると、明かりのある食卓の周りだけ明るくて。そこでおいしくない料理を黙々と食べる寂しさ、わびしさ、つらさ、そういったものが込み上げてきて、涙がこぼれてきたんじゃないかと思うんです」

佐々木さんは食卓の上に家族の写真を置いている。せめて写真を見ることで、一人でいる寂しさを紛らわせているのだ。

「変な言い方ですが、写真が疑似家族というか。動きませんけど、家族がいるつもりで写真をながめて、気を紛らわせているんです。母とか父とかが一緒に見てくれていると思うことで、寂しさを紛らわせているっていうことですね」

唯一残った家族、インコの死

一人暮らしの佐々木さんにとって唯一の話し相手は、父親が飼っていたインコだった。家にいても、食事や家事以外はすることがない佐々木さんにとって、インコの世話は、唯一の日課でもあった。

インコに餌《えさ》をやるために鳥カゴのある二階に上がった佐々木さんの後をついていき、その様子を見せてもらったことがある。鳥カゴの中には、一羽のオカメインコがいた。二〇年ほど前、突然、家に迷い込んできたインコが逃げようとしないために、だったら飼ってあげようと父親が飼うことを決めたのだ。何歳で佐々木さんの家に来たのかわからないが、それから二〇年経っていることを考えれば、相当な高齢インコだ。

様子をうかがうと、毛に艶《つや》がなく、鳴き声も「ギー、ギー」と弱々しい。このインコに、ヒマワリの種を餌入れにたっぷりと入れて与えていた。

「父親の認知症の症状が軽かった頃、父が階段を上がって世話をしていたんですよ。今は僕がやっていますけど、父がいる時はヒマワリの種も父がやっていたんです。だからインコが大切な存在というか、父が大切にしてきたものを僕が引き継いだような感じです」

父親がいなくなった後、形見として大事にしてきたオカメインコは、静まりかえった家の中で唯一、話し相手になってくれる存在だった。佐々木さんにとってインコのそばにいる時間が、心に潤いを与えてくれる大切なひとときだったのだ。

だが二〇一七年の年の瀬、そんな佐々木さんを突然の悲劇が襲った。家族同然の大切な存在だったオカメインコが死んでしまったのだ。年末の寒い朝、佐々木さんがカーテンを開けると、いつもは日の光を浴びて鳴く声が聞こえない。鳥カゴを見ると、オカメインコは、止まり木から落ち、眼を開けたまま、息絶えていた。

もう冷たくなっていたインコを手に、庭に出た佐々木さんは、小さなお墓をつくって埋葬した。鳥カゴは空っぽになり、それを見ていると感じたことのない孤独が押し寄せてきた。唯一の話し相手だった「家族」を失い、佐々木さんは自分の感情がうまくコントロールできない様子だった。

「つらいとかというよりも、先にもう涙がぽろぽろ、ぽろぽろ出てきちゃって。やっぱりもう一人になったんだなあと。これまでは、夜一〇時ごろまで家の明かりがついていると、鳥が鳴くんですよ。それで部屋を暗くすると鳴きやんだりして、そんなことが嬉しかったんです。鳥カゴに日が当たるように、窓際に持っていくというようなことも日課みたいになってたんですけど、今はそんな世話をする動物もなくなってしまってね。やっぱり何か大きな穴が開いたっていうのか、何か失ったっていう感じがしています」

こうして佐々木さんには、日々の日課さえもなくなった。

「この窓の外では人が忙しそうに歩いたり車を走らせたりしているのに、こちらは、どこにも行く場所も理由も何もないと。前は父の介護とか仕事とか、目的があって一日走り回ってて、気がついたら一日が終わっていた日もあったんですけど。人から見ると、何やってるんだとか思われるかもしれないですけど、自分としてはこれだけやったのに、結果が出てこないっていうんですかね。それに対するその……、一言で言うと認めてくれないっていうことに対するがっくりした気持ちっていうんですかね」

何もすることがなく、テレビのある部屋から、ボーッと外の町の景色を眺めていると、その視線の先には、忙しそうに行き来する人々や車、楽しそうな家族の姿などがある。そんな時、ふと人生がむなしくなることがあると佐々木さんは語った。

働くという誇りを失って自己否定しがちに

インコの死は、生きる意味を見失いかけていた佐々木さんにとって、もはや生きていくための最後の気力さえ奪い去るほどの大きな衝撃を与えた。佐々木さんは、自分一人でいると、悪いほう、悪いほうへと考えてしまい、そんな自分がどうしたら生きようと思えるのかわからなくなって、途方にくれていた。

次第に追い詰められていった佐々木さんは、ある日、たった一人、相談できる相手がいたことを思い出して、その人を訪ねることにした。それは父親を介護していた頃に、いつも介護の悩みや愚痴を聞いてくれたり、相談にのってくれたりした「社会福祉協議会」の男性職員だった。介護をしている時期、社会との関わりを絶っていた佐々木さんが、唯一、会話をしていた人物と言える存在だ。

　社会福祉協議会は通称、社協と呼ばれ、自治体と協力し、地域の福祉施策を担う団体である。介護の負担などについても相談に応じており、佐々木さん親子を担当していたのは、半田市の社協のベテランソーシャルワーカー、前山健一さんだった。

　佐々木さんがおぼつかない足取りで窓口を訪ねると、前山さんは顔色を見て何かあったとすぐに気づいたのか、個室の相談ブースに通して、向き合って座った。

　佐々木さんは、オカメインコがいなくなったこと、そして、孤独が押し寄せ、苦しくてしょうがないのだという胸の内を吐露《とろ》し始めた。

「突然だったんですよ。朝起きたら、落ちてて。なんかね、心にぽっかり穴が開いたような気がしちゃって。鳥じゃなくて、家族の一員だったから」

「長かったもんね。情も通うよね」

　相づちを打ちながら、じっと目を見て話を聞く前山さん。

「二〇年以上飼っていて、その間に父も亡くなって、毎日毎日、鳥の世話が日課で。鳥の表情はわからなかったんですが、どこか笑っているみたいに見えたんですけど」

佐々木さんは、インコがいなくなったことで、生きる張り合いがなくなり、もうどうしたらいいのかわからない、と声を振り絞った。

「僕は弱虫なんですよ。だから、例えばよく自殺されるっていう方がいるじゃないですか。できないんですよね。あと一歩がダメ」

「そんなこと言ったらあかんて」

「あと一歩がね。例えば、あの踏切で、もしここで飛び込んだら、となっても足がすくんで動けない」

「そんなことをしたら怒るよ、本当に。困ったことがあったら社協に来てくれたらええって話をしたじゃない。その気持ちは全然変わってないからね」

「僕としては、何か理由がなければ行けないと思ってしまって……」

佐々木さんは、前山さんに相談に来ることすら遠慮していたと打ち明けた。いつも励ましてくれる前山さんに、いい報告ができず、心配ばかりかけているのが情けないという思いがあったのだ。

「ミッシングワーカー」状態に陥った人たちは、「働く」という誇りを失った結果、自己否定しがちになる人が多い。佐々木さんもそんな一人だった。だからといって、すぐに「働く」という状況を取り戻すこともできず、だったらもう死んでしまったほうがいいのではないかと思い詰めていた。

前山さんは、この日、佐々木さんを励ましながら、少しでも状況を良い方向へと導いていくため、すぐに「働く」のではなく、まずは人とコミュニケーションをとれる状態を取り戻していくことから始めるべきではないかと考えた。そして男性介護者の集まりで互いの経験談を共有する「お話会」に顔を出してみたらどうかと勧めた。しかし前山さんが熱心に勧めても、佐々木さんは前向きな返事をすることができなかった。

それでは、と前山さんは、佐々木さんに「仕事」ではなく、短時間の「ボランティア」を提案した。とにかく佐々木さんに社会の中での居場所を持ってほしかったからだ。佐々木さんは、ボランティアについても、すぐに「参加する」とは言わなかったが、前山さんの励ましが通じたのか、帰る頃には落ち着いた表情を少しは取り戻したように見えた。

孤独な自分を自覚し、その状況から抜け出したいと思っても、人と交流する場に出向く勇気はどうしても持てない。佐々木さんは、それほど社会から「消えてしまっている」存在になっていたのだ。

介護二〇年間で失ったこと

超長寿社会となり、問題になっていることの一つが、親を介護する子世代にとって介護期間が一〇年、二〇年と長くなったことだ。子育てと違って、介護はどんどん負担が重くなることも、介護生活が始まった頃には想像できない人が少なくない。始まって初めて、「終わらない介護」の負担に苦しみ、疲弊《ひへい》していくケースがほとんどだ。

佐々木さんも同様だった。父親の家業を継ぐために正社員の仕事を退職した時には、そんな未来は想像していなかった。その後、家業を手伝い、一人で父親を支え続けたが、認知症が発症してからは、すべてを介護に捧げ、最期まで献身的に尽くしてきた。

「はっきり言うと、父親の介護がこれほど長く続くとは思ってもみなかったんです。結局、約二〇年間ですから、人生の大半を介護に捧げたことになります。他人から見れば、それほど人生を介護に捧げて、それに対する見返りもないじゃないかっていうことになるんでしょうね。でも、親と子の濃密な時を過ごすことができた。それが見返りといえば見返りだと、僕は思っています」

介護をしてきたことに後悔はないと繰り返す佐々木さん。一方で、今自分が置かれている状況を理不尽だとも感じていた。親を介護することは当たり前で自然なことであるはずなのに、支援を受けられる環境が十分に整っておらず、介護を終えた時、自分はボロボロになっていたからだ。

「介護をしていても、結局、サービスを受けられる時間は限られていて、その時間以外は父と二人きりになってしまう。父が認知症になってからは、話すこともできない。だからどれほど頑張っても、誰も認めてくれる人がいなかったんです。こんなに頑張っているのにどうして、と思えば思うほど理不尽だと感じる。どうこう言っても、そこから逃げられない。それでも一人でやらなくてはならない。大変だね、って言ってくれる人もいない」

そうした結果、佐々木さんは一人きりになり、今は完全に社会から孤立した暮らしを送っている。

「今の社会、介護とか福祉とか言いますけど、孤独な人は放っておいていいんですか？僕は孤独で心に障害があると思う。心に障害があるという言い方はおかしいけど、心が本当にズタズタで、心は涙で埋まっている。夜に寝てて、母や父の元気な声を夢で聞いて、ぱっと目が覚めると、涙がこぼれているんです。泣くほどつらいんです。でも誰も私に見向きもしてくれない。これってまさに理不尽です」

「終わらない介護」の悪夢

佐々木さんがどんな介護をしてきたのか、社協の前山健一さんに当時の状況について話を聞いた。それは家というカゴの中で、親と子の二人だけで苦闘し続ける孤独な日々だった。

「介護というのは、家という、すごく閉ざされた空間の中で行われてきたことなんですね。それが悪いってわけじゃないんですけども、ただ、閉ざされているがゆえに、佐々木さんの苦しみや悩みをキャッチできる人がいない状態で、一人で耐え続けなければならないということなんですよね。介護が終わる頃には、周囲から孤立していて、その後も、年を追うごとに、孤独というか、つながりがどんどん切れてきて、本当に今、何とかつないでいってあげないと本当に心配だなっていう気はしているんですよね」

前山さんは、佐々木さんのように介護に専念している人たちが孤立化してしまうことを何とか防ぎたいと考えている。介護を受けている側ではなく、介護をしている人たちにこそ支援が必要だと感じているのだ。

そして今後は社協だけでなく地域の高齢者福祉を担う機関と連携し、介護をしている世帯を見守り、介護をしている「介護者」たちを支援し、孤立化させないための枠組みをつくっていきたいと語る。

「介護している人たちが、悩みを吐き出し、いろいろな方に手を貸してもらえるように、そういうふうにしていかないと。やっぱり地域全体で介護者を支えていく仕組みが必要なんじゃないかと思います」

私たち自身も考えを変える必要があるのかもしれない。高齢の親が、同居している子どもに介護をしてもらっていると聞くと、「それなら安心ですね」と思いがちではないだろうか。しかし、取材現場で浮かび上がった事実はそうではなかった。献身的な介護を続ければ続けるほど、介護をしている子どもは社会とのつながりを失い、苦しんでいる現実がそこにはあった。

実際、社協の前山さんは、地域で暮らす人たちにメッセージを投げかけていた。

「社会福祉協議会の相談窓口に来られる人はいいんですけど、来られない人が多分山ほどいると思うんです。そうした人たちがいることに隣近所で気づく機会があれば、ちょっと声をかけてあげるだけでも、違うと思うんです。そして介護の負担が重そうで気になったら、あそこのお家の人が少し心配なんだけど、と社協にご連絡いただくだとか、地域の中でそういうふうに気にかけてくださる方をどんどん増やしていくことをやっぱりやっていかないといけないんだと思います」

国会議員の間で、「介護者を支援する法」の整備を進めようという動きも出てきているが、それは高齢者だけでなく、障害者も含めて、家という閉じられた空間で介護をしている人たちが追い詰められている現状が徐々に知られるようになり、そうした人たちに具体的な支援が必要だと明らかになりつつあるからだろう。こうした動きをますます加速させていかなければならない。

花見でつぶやいた「消えた人間」

それから四ヶ月経ち、桜の季節を迎えた頃、突然佐々木さんから連絡が入った。

「近くの公園に桜の花を見に行きたいんだけど、ご一緒にどうですか」

佐々木さんにとって、父親が大好きだった桜は特別な花だ。介護をしている時も、毎年、父親を車いすに乗せて花見に連れて行ったと話してくれたことがあった。そんな花見にもう一度行きたいと佐々木さんが思ってくれたことが嬉しかった。

花見の日、半田市の桜は予報通り満開になった。晴天の青空に桜が映《は》える、絶好の花見日和《びより》。訪れた公園は、友人やカップル、家族連れで混み合っており、いたるところで宴会が開かれ、華やいだ声がそこかしこから聞こえてきた。

私たちは、佐々木さんが一人で花見をする様子を撮影させてもらいながら、一緒に公園の桜並木の下を歩いた。

佐々木さんは、近くのコンビニでおにぎりとお茶を買うと、桜並木に沿ってゆっくりと歩いた。あたりはシートを敷いてお弁当を食べる花見客でにぎわっていたが、佐々木さんは立ち止まって桜を見上げることもなく、カメラに向かって自らをこう語った。

「なんで一人なんだろうって思うんです。ああやって花見をしているみなさんは、社会の中に存在する場があると思うんですよ。でも僕に限っては、いくらこうして歩いていても社会に存在していない、存在さえないと感じるんです。僕は、いてもいなくても同じなんじゃないかなあと思っちゃいますよね」

いてもいなくてもいい人間なんていない。佐々木さんは、確かに存在している。そして「ミッシングワーカー」の問題を社会に投げかける番組の趣旨を理解し、自らをさらけ出して協力してくれている。私たちは、そう繰り返し伝えてきた。佐々木さんは、そのことには意義を感じていると言いながらも、それでも社会の中に存在価値のない人間がいることを知ってほしいと言葉を継いだ。

「みなさんには、人間らしさがある。でも、僕にはないと思います。今もね、どうして、あんたここにいるの?と思われても仕方ないかなあと思います」

佐々木さんは、混雑している公園の中にいると、一層自分に存在価値がないことを突きつけられる気がするのだと繰り返した。

「やっぱり……、なんて言うのか、一人でぽつんといて、まわりが楽しそうに話していると、自分は別世界にいるように感じちゃいますね。自分のまわりだけが暗くて、みんながいるところは明るい、というような。まわりが浮き立っているっていうんですかね。結局、自分はいてもいなくても同じ、みたいな感じになっちゃっていると思ってね。孤独感というか、半分消えているっていう感じですよね」

人混みを見ていたくないのか、桜の木に背を向けてベンチに腰掛け、コンビニのおにぎりを黙って食べる佐々木さん。その時、ふいに強い風が吹き、鮮やかな桜吹雪が舞った。ピンクの花びらに満たされた春の公園にあふれる、幸せそうな花見客の笑顔。その向こうで黙々とおにぎりを食べる一人の中年男性の背中。あまりにも残酷なコントラストだった。

社会から「半分消えている」とつぶやきながら、花吹雪の中でおにぎりを食べる佐々木さんに、私たちはカメラを向け続けた。しかし、もしかしたら佐々木さんは「カメラが見ていてくれるから、花見が続けられた」のかもしれなかった。

取材者、被取材者という関係ではありながらも、私たちとのつながりの中で、少しでも佐々木さんが自分の存在意義を見いだし、自信を取り戻してくれたら——この時はそんな願いを抱かずにいられなかった。

第三章　脱落するリスクは誰にでもある

アメリカ経済の「謎」から浮かび上がった存在

ここで「ミッシングワーカー」という概念について整理しておきたい。

「ミッシングワーカー」とは、労働政策を専門とするアメリカのシンクタンク「ＥＰＩ(Economic Policy Institute)」が提唱している概念である。提唱されるようになったきっかけは、すでに述べたように、彼らがリーマン・ショック以降、着実に失業率は下がってきているのに景気回復や賃金上昇が見られない、というアメリカ経済の「謎」を探ったことだった。

ＥＰＩは、その問題意識について、レポート（"Missing Workers"）の中でこう説明している。

「今日の労働市場では、失業率という指標は、雇用機会を得る力が弱い人たちを含めることができておらず、失業者を過小に計上することになっている。失業状態ではなく、働くことを諦めた（＝雇用機会を得ようとさえしない）多くの『ミッシングワーカー』が存在しているからだ」

つまり、失業者の統計には、求職していない人の数は含まれないため、彼らは働いていないにもかかわらず失業者という統計には表れない。そのため、実質的に失業状態にある人たちの多くが見過ごされているというのだ。その点についても、ＥＰＩはこのように説明している。
「ミッシングワーカーは、雇用機会を得る力が弱いため、積極的な求職活動もしていない。言い換えれば、就職の機会を得る力が強い人というのは、実際に働いているか、仕事を探している状態にある人々です。失業者というのは、積極的に仕事を探している場合にのみ失業者としてカウントされるのです。しかし、仕事を得る力がなく、求職活動もしていないミッシングワーカーは、失業率には反映されないのです。だからこそ、ミッシングワーカーを目に見える形でデータ化する必要があるのです」

こうしてＥＰＩは、アメリカ経済を中間層の視点で分析する継続的な取り組みの一環として、「ミッシングワーカー」の規模や推移について試算を行うこととなった。その推計値を国家機関などに提供し、必要な政策につなげていくための提言などを行うためである。

具体的な推計値の計算方法は、専門的で複雑な計算式にもとづくので、ＥＰＩのホームページ（http://www.epi.org）を参照してもらいたいが、簡単に説明すると、「労働参加率」という統計データを過去に遡《さかのぼ》って分析し、試算を行っている。

試算の結果、まず「ミッシングワーカー」の数は、リーマン・ショック以降に急増し、多い時で四〇〇万人近くに上ることが明らかになった。年齢別で見ると、ほとんどが四五

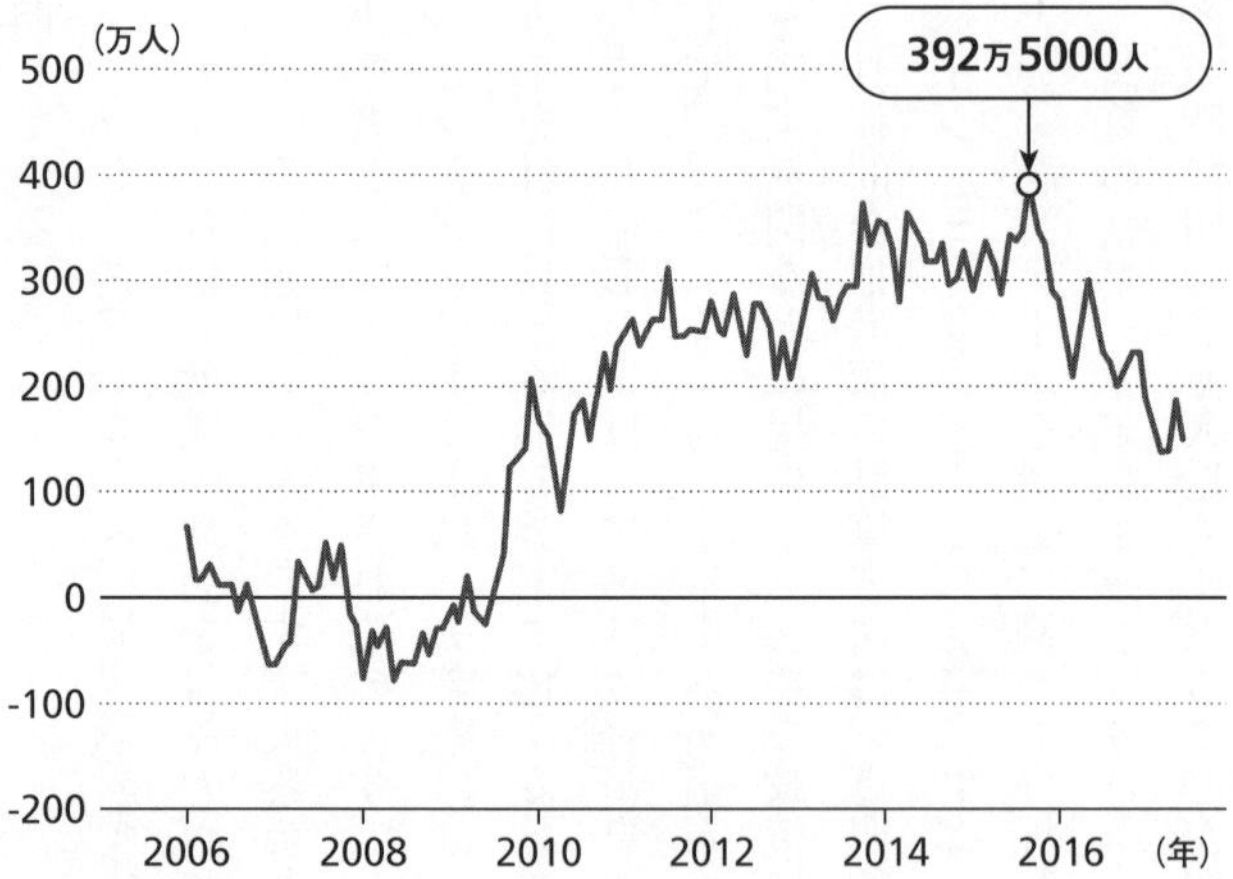

アメリカにおける「ミッシングワーカー」の推移(出典:Economic Policy Institute)

歳以上の中高年に集中している。この数を加えて失業率を計算し直すと、二〇一五年九月の時点では、五・一パーセントとされていた失業率が、七・四パーセントに上昇することがわかった。

本来の意味で考えれば、失業率という数字は、「働くことが可能な人のうち、実際に働いていない人の割合」であるべきだ。とすれば、失業率が改善し「五・一パーセント」になっていたという当時のアメリカ政府の説明は、実状を反映したものとは必ずしも言えない。失業状態にある人の割合である「七・四パーセント」という数字こそが、実態に近いデータであるということだ。

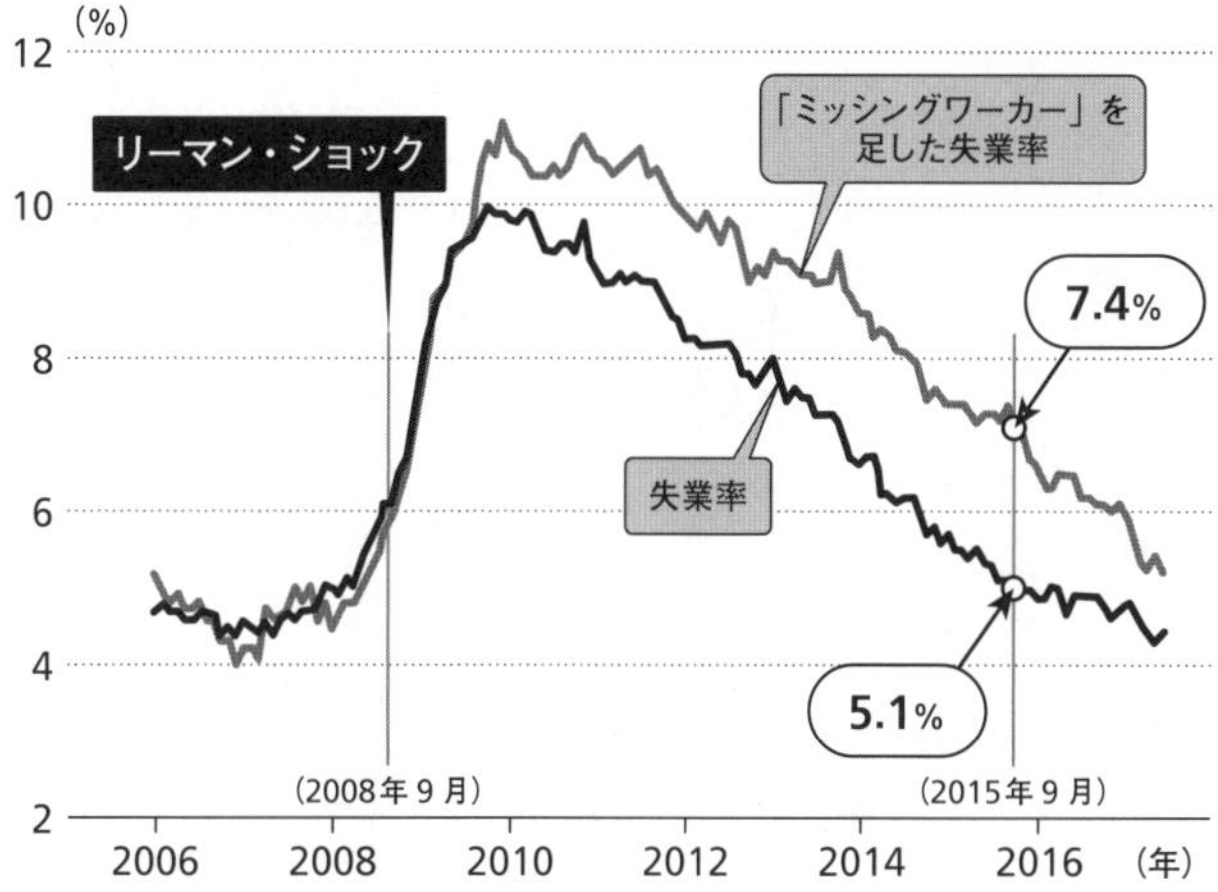

アメリカの失業率の推移(出典:Economic Policy Institute)

日本版「ミッシングワーカー」とは

私たちは、長期の「ひきこもり」が問題になっている日本でも「ミッシングワーカー」が深刻な数に上るのではないかと考え、概算の数字について推計できないかと、総務省統計研究研修所の西文彦研究官にアドバイスを求めた。西研究官は、NHKスペシャル「老人漂流社会」でも、国の統計を分析し、親と同居する未婚者の数や経済状況を明らかにして「親子共倒れ」のリスクに警鐘を鳴らした、統計のスペシャリストだ。

西研究官に指摘されたのは、雇用統計は国によって、調査の仕方や質問内容が異なる部分もあるため、日本版「ミッシングワーカー」として試算する上では、日本の「労働力調査」の「その他」に分類される人たちが、アメリカでのそれに当たると考えるべきだろうということだった。

「労働力調査」は、「統計法に基づく基幹統計『労働力統計』を作成するための統計調査であり、我が国における就業及び不就業の状態を明らかにするための基礎資料を得ることを目的」として行われる調査である。毎月、抽出された四万世帯の人に対してアンケート調査が行われ、その回答数から、おなじみの失業率などが推計されている。

　では、「その他」とは、一体何なのか。調査票を見ると、調査月の月末一週間の間、「仕事を少しもしなかった人」の分類は、①仕事を休んでいた、②仕事を探していた（これが、「失業者」の定義に当てはまる）、③通学（主に学生）、④家事（主婦・主夫）、⑤その他、となっている。つまり、「働いておらず、仕事探しもしておらず、通学も家事もしていない人たち」が「その他」の人たちである。

　もちろん大変なお金持ちで、悠々自適の暮らしをしている人もいないことはないだろうが、非常に少数であると考えられるため、「その他」の人数を、日本版「ミッシングワーカー」の数と定義した。

もう一点、「その他」の人たちは、当然全世代に存在する訳だが、統計の詳細を見ると、年代別に分類がなされている。アメリカの「ミッシングワーカー」が、中高年に集中していたことからも、今回は四〇代、五〇代に限定し、その実態を見ていくことにした。

「ニート」でも、「ひきこもり」でもない

私たちは、西研究官の協力を得ながら、二〇年前から「ミッシングワーカー」の数がどう推移してきたかを分析した。

その結果、一九九七年と二〇一七年を比べると、四〇代、五〇代の世代人口が、一六〇万人減少しているにもかかわらず、「ミッシングワーカー」の数は、七三万人から一〇三万人へと、四一パーセント増加していることがわかった。

さらにリーマン・ショック直後（二〇〇九年）と二〇一七年を比べると、同世代の「失業者」の数は、一一三万人から七二万人と着実に減少しているが、「ミッシングワーカー」は、一〇〇万人前後で変動がなく、横ばいのままだった。

そのため、ここ数年は「ミッシングワーカー」の数が「失業者」を上回り続けている状態だった。つまり、日本の「ミッシングワーカー」は、中高年世代において、その割合を

徐々に増し、景気の回復から取り残されていることが、統計から見えてきたのだ。

多くの人は、「ニート（若年無業）」という言葉を聞いたことがあるだろう。「ニート」とは、NEET = Not in Education, Employment or Training. というイギリスの社会学者が提唱した概念を元にした言葉で、働かず、仕事探しもしておらず、通学も家事もしていない人たちのことを指す。

こう説明すると、「ミッシングワーカー」そのものではないか、と言われそうだが、日本語訳では「若年無業」となっているように、日本では一五歳から三四歳に限定されており、若者が学校を卒業したり、中退したりしても、働かず、求職活動もせずに、家でブラブラしていることを問題視し、親から自立するよう、自立支援を進める枠組みの中で使われてきた。

「ニート」への支援策は、各地に若者向けのハローワークや自立支援センターなどが設置されているため、進んできている。一方、こうした施設は四〇代、五〇代の「ミッシングワーカー」が利用することは前提にされていない。そのため、中高年の「ミッシングワーカー」が社会保障制度の支援の枠組みからすっぽりと抜け落ちてしまう状況が生じているのだ。社会保障の専門家は、高齢の親の年金だけがセーフティネットというこの世代の状況を「将来、社会コストに跳ね返るリスクのある危険な状態」だとも指摘している。「ニート」とは似て非なるものに、日本で長く問題視されてきた「ひきこもり」という言葉もある。厚生労働省は、「ひきこもり」を「仕事や学校に行かず、かつ家族以外の人との交流をほとんどせずに、六か月以上続けて自宅にひきこもっている状態」と定義している。「ひきこもり」と「ミッシングワーカー」は、起きている現象としては、重なる部分もある。「ひきこもり」の実態調査については、内閣府が行った最新の数字が公表されているが、それによると二〇一〇年度の調査では、六九万六〇〇〇人。二〇一五年度の調査では、五四万一〇〇〇人となっている。

総務省の調査では、「ひきこもり」の対象者を「趣味の用事のときだけ外出する」「近所のコンビニなどには出かける」「自室からほとんど出ない」といった状態が六ヶ月以上続く人、と厚生労働省よりやや広めに定義している。しかし、これまでの調査では、対象年齢が三九歳までとなっていたため、それ以上の年齢の中高年については実態がわからなかった。

しかし中高年の「ひきこもり」の問題が虐待や殺人事件といった形で表面化し、大きく報道されるようになったことで、内閣府が四〇歳から六四歳までの人への調査を開始し、二〇一九年三月にその結果が発表された。そして「半年以上、自宅に閉じこもっている」という状態の四〇～六四歳が、全国で推計六一万三〇〇〇人いるということが示されたのだ。

「ひきこもり」状態が始まった年齢でいうと、四〇代～五〇代が四〇パーセントを超えており、中高年が「ひきこもり」という状態に陥りやすいリスクがあることがはっきりと示されていた。さらに、「ひきこもり」状態になっている人のうち七割は男性であるという数字も示されたが、これについては女性は「家事や介護」を労働と捉え、「ひきこもり」に該当していても、そう回答していないことも考えられるため、女性については隠れた「ひきこもり」が存在する可能性もあると読み取れる。このことについては後ほど詳しく述べたい。

いずれにしても、この調査結果を受けた、内閣府の担当者は「今後、若者とは違った支援策が必要であり、支援が必要なのは若者だけではないという認識を広げていきたい」と話している。

「ミッシングワーカー」の社会的コストを考える

「ミッシングワーカー」に話をしぼれば、働き盛りのはずの四〇代、五〇代が、労働市場から長く消えてしまっていることは経済、社会にとっても大きな問題である。

今、日本では慢性的な人手不足で高齢者や女性、外国人労働者も含めて労働力の確保が急務となっていて、国も「一億総活躍社会」を掲げ、人手不足の解消に乗り出している。そうした日本で、働き盛りの労働者が一〇〇万人以上、「労働市場から消えた」状態になっているのだ。

製造業などの分野では、人手不足倒産と言われる現象まで広がるほど深刻な状態である一方で、消えた労働力がある。それを活用する道はないのか――「ミッシングワーカー」が再び労働市場に戻れる対策が急務であるのは、こうした切迫した状況もあるからだ。

もう一つ、今、四〇代・五〇代で働いていない人たちは、自らの老後に備えることができておらず、年金保険料も納付できていないはずだ。そのため、老後は生活保護に頼らざるを得なくなる人がほとんどだろう。将来のその社会的コストも決して小さくない。

さらに親の年金に依存して、中高年の子どもがひきこもっているような場合、親の側が「自分が亡くなった後」を心配して、追い詰められてしまうケースも増えている。全国の司法書士会などには、「親亡き後の財産管理を託したい」という相談などが相次いでいるという。

しかし、仮に、法律の専門家などに財産管理を託し、毎月、定額の生活費を振り込むなどの手続きが生前に整ったとしても、実際に安定した生活を送ることができるのか、保障の限りではない。

こうした状態が長期化し、労働市場から消えたというよりも、社会から消えた状態となってしまうと、その人の生活全般を支えるには膨大な社会的コストが必要となるだけでなく、地域社会と接点を持たない住人が増えるという意味でも、大きな社会不安をもたらすことになりかねないのだ。

ある「ミッシングワーカー予備軍」の現実

「ミッシングワーカー」となった人たちを見ていると、誰もが陥りかねない日常の出来事が、そのきっかけとなっていることがよくわかる。

特に介護はその大きな原因となる。正社員として働いていても、親を介護するために離職すれば、そうなるリスクは避けられなくなるし、非正規で働く人は転職につまずいたり、親の介護負担が重くなったりすることで、仕事から完全に離れ、親の年金に依存しながら暮らすようになるケースが少なくない。

繰り返しになるが、介護は子育てと違い、「どんどん負担が重くなる」ケースがほとんどだ。そのことを考えると、誰にとっても明日は我が身であり、他人事とは言えない。

とりわけ女性は、中高年になると非正規の仕事で転職が難しくなる傾向がある。仮に転職できても、時給などの待遇が徐々に下がっていき、経済的なリスクが高くなる人が少なくない。そこに介護などの負担が重なると、たちまち困窮状態に陥ってしまう。

二〇一八年四月、非正規労働で転職を繰り返してきたある女性と出会った。その女性は、介護のために仕事ができない期間がありつつも、かろうじて転職をしながら収入を得ている状況だった。しかし、次の仕事が見つからなかったり、介護の負担が重くなったりすればば……、あるいは仕事を諦めざるをえなくなったりすれば、たちまち「ミッシングワーカー」に陥ることが避けられなくなる。そうした意味では、まさに「ミッシングワーカー予備軍」とも言える状況だった。

直接話を聞こうと自宅へ向かうと、横浜市のＪＲ保土ケ谷駅から徒歩一五分ほどの閑静な住宅街の一角で女性は暮らしていた。女性が住んでいるという、高台にある一軒家は一見、豊かな生活を想像するような洒落《しゃれ》た造りの木造二階建て住宅で、「ミッシングワーカー」のイメージとはほど遠いものだった。この立派な家で、一体どのような暮らしをしているのかと思いを巡らせながら、インターホンを鳴らすと、待ち構えていたかのようにドアが開き、原真由美さん（仮名・五三歳）が出迎えてくれた。

「ここが私の住んでいるシェアハウスです。この中の一部屋が私の部屋なんです。他の入居者もいるので、静かにお願いしますね」

外見は一軒家だが、実際は空き家を改造した女性専用の「シェアハウス」であった。キッチン、シャワールーム、トイレは共用で、それぞれ四畳程度の部屋が居住者たちのプライベートスペースになっている。

他の入居者と一緒に五人で一軒家を借りている形になるため、家賃は通常のワンルームアパートよりも安く抑えられるのだ。こうした空き家を活用したシェアハウスは、首都圏を中心に数が増えているという。

共用スペースでは、落ち着かないため、原さんの部屋に案内してもらうと、四畳あるかどうかという部屋に、シングルベッド、小さな机、小さなクローゼットが詰め込まれていた。少し窮屈なのではないか、とも感じたが、原さんにとっては比較的都会に近く、家賃

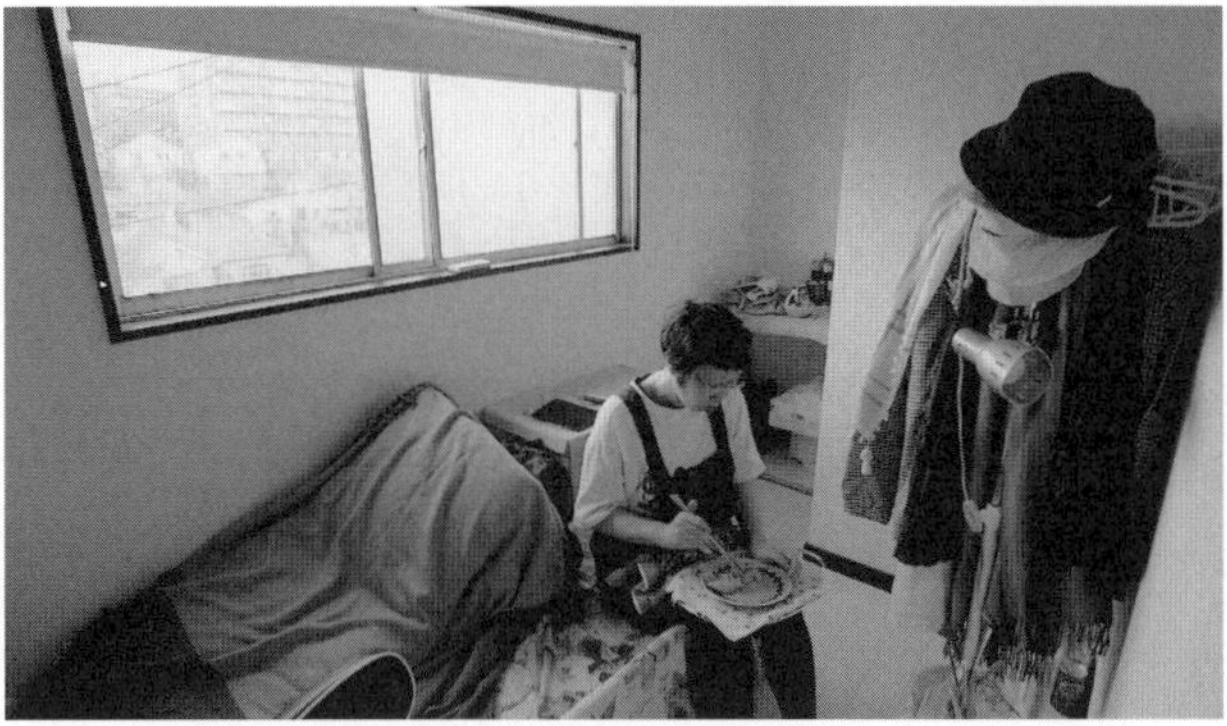

プライベートスペースのベッドの上で食事をとる原さん

が安いこのシェアハウスが、自分の生活に一番合っているらしい。

「家賃が、光熱費など諸経費すべて込みで、四万六五〇〇円なんですね。ターミナル都市からもうちょっと引っ込んだら、もっと安いところはあると思うんですけど。やっぱり一人だから、便利なところじゃないと生きていけないなあと思って。便利で、しかも、値段がお手ごろな物件ということで、ここを選びました」

原さんは、取材当時、六ヶ月間の契約で、横浜のある区役所のマイナンバー登録事務を行う部署で、入力作業をするための派遣職員として働いていた。いわゆる「非正規公務員」だ。決められた数字などを入力していく単純作業のためか、時給は決して高くない。そんな自分の仕事を自虐的に「ライン工」

だと原さんは言った。

「お給料は言われてみれば確かに低いから、時間数働かなきゃって感じがしますね。やる仕事は専門的じゃないし、ライン工みたいな。ちょっとライン工の人に悪いですよね。でも、なんかそんな感じです。単純仕事だからそれなりに働かないと、生活費には足りないんですよね」

　給与明細を見せてもらうと、先月の給与支給額が一三万四八五二円。税金などが引かれた手取りの収入は、一〇万八二三七円だった。これは実費の交通費を含んでいるため、交通費の六二七〇円を差し引くと、実際の収入は一〇万二〇〇〇円ほど。この月は、一九日間働いていた。

「うーん、これはまあ、高いほうかもしれません。一九日間も働けない月もありますので。だから少ない時は月一〇万円以下という時もあります。年収で言えば、一〇〇万円には届かないです」

　原さんに、憲法で定められた「最低限度の生活水準」は、生活保護の額にあたり、それが一三万円ほど（居住地域により異なる）になるが、そういうことについて何か感じることはないかと聞いてみた。

「そういうことを聞いても、あまり何も感じません。生活保護の人たちより全然少ないです。でも私は、一〇万円ぐらいあれば、余裕で暮らしていけるんで大変だとか思っていません」

収入から家賃を引くと、残るのは六万円ほどだ。これで、食費などその他の生活費をまかなっている。

「今の給料でも、まだいいんじゃないかなあと思うんですけど。一ヶ月フルに仕事に行くから、まあこの額ですけど、決まった仕事がない時だったら、もっと少ないです、はい。年齢的に、やっぱり若い人がサクサクサクサクとやっているような仕事はできないんだなあって思うんで、諦めてますね」

もちろん今の収入では生活していくだけでギリギリなので、洋服は買う余裕がない。二年前のセールで半額になっていたものを一着買ったのが最後で、あとは古い洋服を大切に着ている。節約をしていることに慣れてしまうと、着られれば何でもよくなり、贅沢をしたいとは思わなくなったのだという。

「服って別に毎年買わなくたって、全然普通に生きていけるし、まあどうしても仕方がない消耗品、食費以外はお金を使わないようにしています」

その食費も節約している。安い八百屋でまとめ買いをして、少しずつ調理して食べるようにしているのだ。コンビニや高いスーパーには行かず、茹《ゆ》でた野菜とパスタが定番。狭い部屋の机の上のわずかなスペースに皿を置き、テレビを見ながら一人で食事をする。その後ろ姿は少し寂しげだった。

次の仕事がないまま雇い止め

数日後、原さんは派遣契約の最終日を迎えた。横浜市内の区役所の一階にあるマイナンバー登録受付窓口には、いつものように淡々と仕事に向き合う原さんの姿があった。原さんは、窓口に相談に訪れた住民に対応して、手続きの説明を行ったりしていた。行政事務について知識がなければスムーズに対応できないため、マイナンバーの制度や手続きについて、自分なりに勉強もしてきたという。

この日の夕方五時、原さんは契約で決まっていた六ヶ月間の仕事を終えた。窓口が閉まった後、原さんが職場を去ることが他の職員たちに告げられた。

「みなさん、原さんは、今日が最後ということになりました」

挨拶をうながされると、緊張した面持ちで集まった人たちに向き合った原さんは、ゆっくりと職員たちを見渡した。

「初めてのお役所の仕事でわからないこともありましたが、みなさん、いろいろ教えていただいてありがとうございました」

そして、この日、原さんは再び無職になった。

「今の心境は、ちょっと寂しいけど、ほっとしたような気持ちです。最初から半年で終わるって決まっているから仕方ないので、ここは終わらして次、みたいな気持ちです」

次の仕事のアテもない五〇代女性にとって、それが厳しい状況であることは間違いない。しかし、短期間の仕事を転々としてきた原さんにとっては、当たり前の通過点で、どうこう思う問題ではなかったようだ。そして、次は長く続けられる仕事を探すのかと思いきや、同じように短期間の仕事を探すのだそうだ。

「人生を変えたいと願っていないことはないんでしょうけど、多分変えようとしてもできるって思ってないんじゃないかなって。深層心理の中で、これ以上に豊かになれると思ってない。精神的にも経済的にも、もっと豊かな生活ができるって、思ってないんです。そういうことを私ができるはずがないって」

原さんには、単純な事務作業などを続けてきた経験しかないため、何かやりたい仕事がないかと考えても思い浮かばないのだという。むしろ大変な責任をもって仕事に向き合うことが負担に感じられ、だったら今の状況でもいいやと現状を追認しながら生きてきた。そして、そのことに疑問を持つこともなかった。

「待遇のいい仕事が見つかるっていう気がしないですね。五〇代という年齢も年齢だし、『自分が能力を発揮できることって、この世の中である？』って考えても、見つかる気がしないです。五〇を過ぎちゃうと、なんか普通に（人生が）下り坂だと思ってしまいます」

次の仕事が決まらず、先の見えない暮らしながらも、将来をなるべく考えないようにしながら生きているという原さんは、目標もなく、夢もなく、希望も持てない毎日を過ごしている。それでも、時折楽しそうな表情を浮かべ、話していると笑顔も見せる。強い人なのかもしれない。

「自分はいったいどこに向かっているんでしょうね。そこらへんは、わからないです。地図を持たずに生きているという感じでしょうかね。きっと目的地がないんですよ。たぶん目的地があれば地図を持っているし、その地図に沿って生きようと思うんじゃないかなあ」

どこにたどり着くかわからない人生、そのことが不安ではないのかと問うと、原さんは、だからこそ自由だと、開き直ったようにきっぱりと言い切った。

「目的地は持っていなくてもいいんですけどね、別に。何でもありだという自由さがあるので。日々暮らしていくためのお金は必要なので、そのために、そのお金を得るために仕事をしている感じかな」

自分の暮らしを豊かにしようという願いもなく、今の暮らしで十分満足だと言う原さんは、その一方でワンランク上の理想を見ないようにすることで、自分を保っているようでもあった。

「なんかやっぱりこういう生活が、わりとここ何年か、当たり前の感覚になってるんだと思います。豊かな生活ができるって、思ってないかもしれないです。ちょっと自分が生きてく張り合いとか、何にもないような気持ちにたまになるんですよ」

バブルからの転落

かつての原さんには、充実した仕事をしていた時期もあった。二〇代で海外留学した経験を活かして、外資系の証券会社で働いていた。派遣社員だった当時の時給は、二〇〇〇円。多い時には、月の収入が四〇万円に上ることもあった。この頃は、長期休みの度に大好きな海外旅行に行き、仕事はもちろん、プライベートも充実していたという。

当時の職場の同僚との写真を見せてもらった。イタリアンレストランで、お洒落をして仲間たちとテーブルを囲み、ワイングラスを傾けてピースサインをして、笑顔を浮かべる原さんは、輝いていた。

スーツに身を包んだ「OL」だった原さんの生活が劇的に変わることになったのは、派遣の仕事が四五歳で契約更新されなかった時だった。リーマン・ショックに襲われた企業が「派遣切り」を行い、弱い立場の労働者が職を失う事態が広がっていた。原さんが勤務していた外資系証券会社も例外ではなかった。

雇用市場も冷え込み、新たな求人もなくなっていた。原さんがその後ようやく見つけたのは、手取り一四万円のホテルの従業員の仕事。地方都市のホテルに住み込みで、二〇代の若い社員と一緒に働いた。

「お給料はかなり下がったんですけど、その時は、毎日が気楽になって、解放感のほうが大きかった気がします」

しかしホテルの正社員として働いていたはずが、バブル崩壊後の長引く景気低迷の中で、客足が伸びずにホテルは従業員を解雇せざるを得なくなった。原さんも、せっかく見つけた職を失うことになり、それ以来、非正規の仕事を転々とするようになった。自動販売機に缶飲料などを補充する補助業務、駅構内の乗客数をカウンターを使って数える仕事、大手古書店の倉庫での書物を整理する仕事など、いずれも時給一〇〇〇円程度の短期労働ばかりだった。

「年齢も五〇歳を過ぎていて、これから人生が好転していく感じはないし、何かこれといった技術があるわけでもないし、目標があるわけでもない。人生が行き詰まっている感じですよね」

原さんは転職を繰り返すほど、人生が好転するどころか収入は減り、らせん状に奈落の底に落ちていくような感覚だと話してくれた。

「本当にどうしていいのかわからない。人生は続いているわけだけど、どういうふうに何を頼りに進んでいけばいいのかなって。このままずっと、年をとってだんだん人生がしぼんでいっちゃうだけなんだなあって思っても、それを改善するために何をしたらいいのかわからない」

背負った父の介護

非正規であっても、もう少し長い期間、同じ職場で働ける仕事もあるのではないか、そうすればもっと生活も安定するのではないか。そう思われるかもしれないが、原さんは現在、長期間働けない事情を抱えていた。北海道の農村で暮らす父親の存在だ。

三年前、それまで病気もなく元気だった母親が突然亡くなったことがすべての始まりだった。九二歳の父親が一人故郷に残されたのだ。原さんは、それまで頑固で無口な父親とゆっくり話すことはなかったが、母親が父親を支えていたから安心に思っていた。しかし、その母親が先立ってしまったのだ。

故郷には親戚もいるが、父親の世話を任せきりにする訳にはいかない。しかも周囲からは独身で身軽だと思われていたため、自分がやらなければならないような空気を感じたという。

「（親戚中で）私だけが独身だから、あなたが面倒を見ればいいでしょう、みたいにすべてを私に押しつけて、肉体的にも精神的にも無理な介護を私一人に全部背負わせたいのかなって。私が都会にいて帰らないのは、自由で好き勝手なことばっかりしているから、と思われているんじゃないかな」

周囲のプレッシャーもあり、原さんは父親のもとに定期的に帰るようにしている。三ヶ月に一度は、一週間から一〇日間ほど滞在し、買い出しをしたり、掃除や炊事などをしたりして、父親をできる限り支えようとしてきた。しかし非正規の仕事は、介護のために長期休暇をとることが難しい。二、三ヶ月の短期契約の仕事を探し、転々としているのはそのためだ。残念ながら条件の厳しい仕事しか見つからないという。

「最近、面接した会社でも『一年ぐらい続けられる？』と聞かれたんですけれど。私は、介護があって二ヶ月に一度、一週間ぐらいまとめて休めないと厳しいんですって言ったら、雲行きが怪しくなっちゃって。多分、普通には難しいと思うんですよね。長く正社員として働いている会社だったら、ありなのかもしれないけど、今の私の状況だとそういう条件で雇ってくれる先は見つからないと思います」

原さんは、どこかで転職がうまくいかなくなったら、収入がない状態に陥ってしまうという恐怖から、若い頃に貯めた預金には手をつけず、いざという場合に備えている。しかし、そうしてまで父親のもとへ通い続けているのには、娘としての思いもあった。

「義務感ですね。何となく、知らんぷりしちゃいけないっていうのがありますよね。でも、ずっと自分ができるのかというと、できない」

非正規の仕事を長く転々とし、さらに親の介護の負担が重なったことで、原さんはますます、どう進んでいけばいいのかわからなくなっていた。介護が必要になった高齢の親を見捨てることもできないし、親の介護を優先して仕事を辞めてしまえば自分が「ミッシングワーカー」状態に陥ることは理解しているからだ。

「私は何やっているんだろうって。地図を持たずにどこかへいっている感じなのかな。なんていうか、人生が行き詰まっている感覚を覚えているんだと思うんですけど。どうやってこの先、生きていったらいいのか……」

今は二ヶ月に一度、一週間ほど父親のための買い出し、掃除、家の整理などをしておけば、その後、二ヶ月は父親が一人暮らしでも何とかやっていける状況だ。ギリギリの状況ではあるが介護と仕事をかろうじて両立できている。しかし、もし父親に認知症の兆候が出てきて、目が離せない状態になったらどうすればいいのか――原さんは、答えを用意できていなかった。

実家に帰るたびに襲ってくる恐怖

五月に役所の仕事を辞めた後、原さんは父親の世話をするため、北海道に帰った。実家は、北見駅から車で二〇分ほどの山あいの限界集落にある。近所に住んでいる人もいない山里は、静寂が広がり、見渡すと一面緑の野山が美しい自然豊かなところだった。

しかし、原さんは実家で静寂に包まれる度に、恐怖が襲ってくるという。

「ここにいると、自分が牢屋に閉じ込められているような気持ちになるんです。私、車の免許もないし、自由にどこかへ出かけることもできないし、なんか父のもとで、とらわれの身という自分の姿を思ってしまいます」

とらわれの身だという原さんに、このまま実家にいたら将来は想像できるのか聞くと、笑いながら、まるで他人事のように父と二人で死んでしまうだろうと答えた。

「私と父親しかいないから、誰も頼れないし。仕事とかないし。お金とかなくなるし。だから、アハハ、干からびてしまいますよ。干からびて死んじゃうのかなって思ったり。そんなふうに思っていると、だんだん思考が狭められていく感じですね」

そして、都会では普段自分を追い詰めないようにしている分、田舎で孤独を感じるとひどく落ち込んでしまうのだとつけ加えた。

「なんか本当に孤独なんですよ。話し相手も全然いないし、すべてが押し寄せてくる感じかもしれません。相当落ち込みます」

落ち込んだ時、原さんは自分の人生の先がふさがれているように感じ、生きていく価値すら見いだせなくなるという。

「自分にはもう何のチャンスもないのか、と。自分が生きていく張り合いとか何もないような気持ちになるんです。生き生きと生きていくチャンスがない、そんな感じです」

それでも、原さんは父親を思って故郷に通い続けている。次回の滞在で、原さんが二週間かけて集中的に家の片付けや買い出しなどをするというので取材させてもらった。

北見駅で待ち合わせをした私たちは、原さんに案内してもらいながら山道を進み、スロープを少し上ったところにある実家に到着した。一軒家と小屋があり、小屋の前には今は使われていないトラクターが置かれていた。奥の斜面には、休耕地になった畑が広がっている。ドラマ「北の国から」を彷彿《ほうふつ》とさせる、本当にまわりに何もない場所だった。

玄関を開けると、九二歳になる父、源蔵さん（仮名）が出迎えてくれた。源蔵さんは、まだ足腰がしっかりとして、虫眼鏡を使って新聞を毎日丁寧に読むほど頭もしっかりしていた。しかし耳がかなり遠くなっており、目も不自由なため、一人で遠くまで買い物に行くのは難しくなっていた。

居間に入った原さんが、夕方になって薄暗くなってきたから電気をつけるかと尋ねたが、その言葉も大声で何度も繰り返してようやく聞こえるぐらいで、会話をするにも大変な状態だ。

「この電気だけつけるかい？　これだけつけるかい？」

原さんは、源蔵さんに聞こえるよう大きな声で聞いた。それでもようやく聞こえる音量のようだ。

「うん、つけてもいいよ」

家の中は、物が雑然としていて、原さんは時間を惜しむように、片付けたり掃除機をかけたりしていた。特に普段、父親が使っていない二階の部屋は、夏の終わりに北海道で大量に発生することがあるテントウムシの死骸が積もるように散乱していた。よほどの期間、掃除をしていないのだろう。この機会に原さんは黙々と、掃除機をかけ続けた。

都会に出て行った娘に迷惑をかけたくないと思っている源蔵さんは、「自分のことは自分で何とかできる」と話し、手伝いや助けを求めることはない。しかし原さんは、年々できないことが増えていく父親が、たった一人で広い家で暮らしているだけで心配なのだ。

住み慣れた我が家から離れたくない父親と、施設で暮らしてもらえないかと願う娘――二人の本音は交錯していた。

源蔵さんが、少しぐらい不自由があっても、自宅で思うように過ごしたいと願っているのには理由があった。かつて源蔵さんが元気だった頃、親戚や知人が施設に入った時に、お見舞いに行ったことがあった。そこで源蔵さんが見たのは、施設で規則に縛られ、自由がない生活を余儀なくされる将来の自分の姿だった。

「施設に入ったら、あれをしてはならん、これをしてはならん、この部屋はこういう規則だ、とかって言われるでしょ。我が家であれば好きなことができるけど、それができないですよね。だから、狂ってしまうんですね。考え方も心も頭も狂ってしまうと思うよ。だから、施設に入る気は絶対ないですよ。もう死んでも入らないですよ。お墓までつくってあるんだからね」

原さんは、本人が望むかぎりは家で暮らしていくことも選択肢だと考えている。しかしこれ以上、体調に不安が出てきたり、足腰が弱ってきたりすれば、もっと頻繁に通ってこなければならなくなる。

「今は、したい仕事があるわけではないんですけれど、嫌な仕事だとしても、親のところにいるほうがはるかに嫌で。苦痛っていうか。でも、どっちを選んでもって感じですよね」

父の介護か、仕事か、いずれ何らかの決断を下さなくてはならない局面にぶつかるかもしれない。その時、働くことを諦め、父親と同居して年金を頼りに暮らすことを選ぶのか。頻繁に通いながら働き続ける道を選ぶのか。原さんは、どちらに進んだとしても明るい未来を描けずにいた。

「やっぱり光が見えないっていうのかな。真っ暗じゃどこに進んでいいかやっぱりわかんないじゃないですか。こう歩いてたって、進んでるのかぐるぐる回ってるのか。だから、何か光のないところにいる感じかな。途方に暮れていて、なんて言うか、たとえると、暗い海の中を漂っている浮きのような気持ち。先には何も救いがなさそうな、そんな途方の暮れ方。何も助けがない感じっていうか」

「将来のことを突き詰めて考えてみたい」

翌朝、原さんと源蔵さんは家の前の畑にいた。三年前に母親が亡くなって以来、荒れ地のままになっていた畑。源蔵さんがその庭先の畑にカボチャの種を植えようと、原さんを誘って一緒に畑作業をし始めた。源蔵さんが畑に畝《うね》をつくり、種を一つずつ丁寧に蒔《ま》いていく。父親の畑作業をそばで見守っていた原さんが声をかけた。

「石がいっぱいあるね」

「カボチャを植えるわけだ」

「ふーん」

「初めてやるんだよ」

先の見えない暮らしを続けているはずの父親が新しい挑戦をする姿に、原さんは何かを感じているようだった。

「これだけ蒔いたら」

「うん、大丈夫だね」

初夏の暖かな日差しの中、親子の会話は、将来の不安など感じられないほど、とても穏やかだった。

午後、父親がゆっくりとくつろいでいる姿を確かめた原さんは、実家で飼っている白い老犬をつれて散歩に出かけた。道の両側には、芽吹き始めた柳の木。遠くに見える村の小学校には大きな鯉のぼりが泳いでいた。

原さんは、自然や季節の移り変わりを眺めながら、トコトコと歩いて行く。散歩をしながらぼんやりと考え事をすると、頭がすっきりするのだという。この日は、将来のことを突き詰めて考えてみたいということだった。

今までは考えても、大変な事態に陥る未来しかないと考えないようにしてきた。実際、父親の体調が今以上に悪くなれば、施設に入らないという意思を貫く以上は、誰かが面倒を見なければならない。それが原さん以外にないことは、火を見るより明らかだった。

「毎回毎回ここに来る度に、絶対にここには住むまいという決意が固くなるんです。自分勝手に、好き勝手にしている父のために、なぜ私が犠牲にならなきゃいけないのって思って」

重い気分をはねのけるように、原さんは突然、口笛を吹き始めた。イギリスのミュージシャン、エリック・アイドルの「Always Look on the Bright Side of Life」という歌だった。陽気なメロディで、歌詞も自分の将来へ希望を見いだせない主人公が、愚痴を言うのではなく、口笛を吹いて嫌なことを吹き飛ばしてしまおう、という意味だ。

原さんの今の状況と重なる部分もあった。何かしら嫌なことが人生にはある。たとえ人生の困難にぶつかったとしても、文句は言わずに口笛を吹こう。やがて何もかも良くなっていくはずだから、人生の明るいほうだけ見ていこう。要約すれば、そんな意味の歌詞だった。その歌を口ずさみ、そのメロディにのせて口笛を吹けば、元気が出るんだと話してくれた。

「この歌はね、心配事とか、くよくよ悩んでいてもどうしようもないから、そう思って口ずさむんです。自分を励まそうという感じ。現状はこれしかない。たまに田舎に帰ってリフレッシュしたと思うことにする。正直、それほど嫌とも思っていないしね」

原さんが歩く一本道は、どこまでも続くかに見える。しかし道の先に何があるのか、今はわからない。それでも笑顔で口笛を吹きながら歩みを進める原さんの姿には何か力強さがあった。

原さんだけではない。同じように「ミッシングワーカー」に陥るリスクを抱えながら、人生を歩み続けている中高年は少なくないはずだ。彼らが歩む一本道の先に、明るい希望の光が差し込む瞬間をもたらすためにも、中高年が親の介護を背負った時、「介護離職」が長期化しないための支援を、公的な制度として早急に整備する必要があるのではないだろうか。

独身中高年×非正規×女性

原さんのように、非正規で独身の中高年女性は、男性よりもリスクが高い場合が多い。こうした女性たちがどれほど深刻な状況に置かれているか。その実態を調査し、支援を行っている団体がある。横浜市戸塚区にある「男女共同参画センター横浜」だ。

この団体は、これまで女性の自立のための就業支援に力を入れてきた。シングルマザー、女子学生、若い世代で無業（学校にも通わず仕事もしていない、いわゆる「ニート」のこと）の女性などが対象だ。しかし今、一番支援が行き届いていない層が、非正規職で働く独身の中高年女性だと明らかになってきたという。

その実態を調査した事業企画課長（当時）の白藤香織さんが、独身中高年女性の問題に気づいたきっかけは、大学を卒業後、就職がうまくいかない若年層の無業者を対象にした支援講座だった。一五歳から三九歳の若年層を対象にした講座に四〇代以上の独身女性が参加する姿が目立つようになってきたのだ。

しかし従来の若年層支援の講座では、四〇代以上の独身女性の支援に内容的につながらない。参加してもらっても意味がないケースも出始め、こうした中高年独身女性を対象にした支援が必要ではないかと気づかされたという。

白藤さんたちは、どんな支援を進めるべきか、その内容を具体的に決めていくために、中高年世代の女性たちがおかれた実態をより詳細に把握する必要があると考え、三五歳から五四歳の非正規で働く独身女性二六一人にアンケート調査を行うことにした。

その結果、七割の人が年収二五〇万円未満、さらに四五歳から五四歳では一五〇万円未満という人が三割を超え、年齢を重ねるほど収入が減少していく厳しい実態があることが明らかになった。白藤さんたちは、アンケートを分析して、改めて独身女性のおかれた厳しい現実を知ることになったのだ。

「女性の非正規職というと、今までは結婚した後に、家事や育児と両立するために女性の側が望んで非正規、つまりパートやアルバイトや派遣で働いていると思われてきたんです。ですが今は時代が変わっていて、独身のまま不本意に非正規で働いていらっしゃる方も大分増えてきているということですね」

独身女性の場合、自分の収入だけで生活を送らなければならず、さらに老後にも備える必要がある。しかし非正規労働は、三年程度の有期雇用で転職を繰り返す必要があり、特に女性の場合、年齢が上がっていくほど、賃金面での条件が悪化し、選べる仕事の幅も狭まっていく。白藤さんは、そうした非正規労働の賃金のあり方も、男性よりも女性のほう

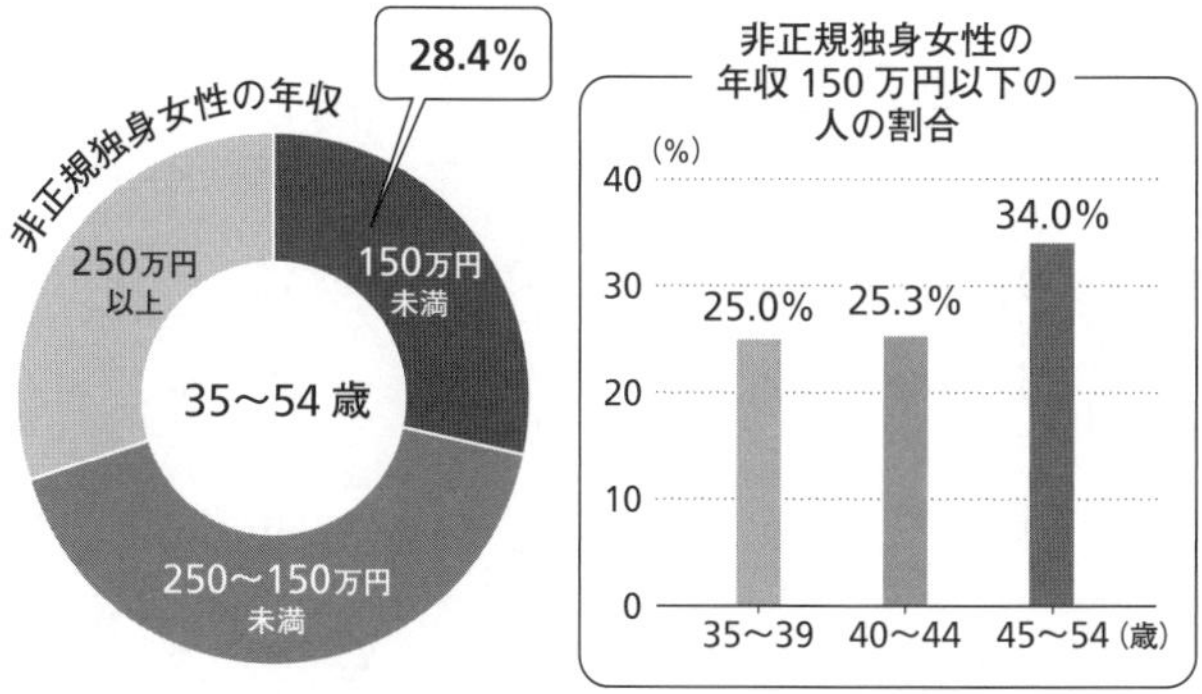

非正規独身女性の年収分布と、年収150万円以下の人の年代別割合
（出典：横浜市男女共同参画推進協会「非正規職シングル女性の社会的支援に向けたニーズ調査」）

がより深刻だと指摘した。

「もともと女性の賃金が低く据え置かれているという賃金構造の問題があるわけです。さらに非正規労働をしている人たちは、社会からはそういう仕事を選んだ自分が悪い、と自己責任と見られる風潮があります」

彼らは負けが決まった「消化試合」をしているのか

団体が行ったアンケート調査の自由記述欄には、女性たちの悲痛な訴えが書かれている。

「面接に行っても、今まで何をしていたのって、無神経に聞かれます」「別に子どももいないのに、ずっと非正規で働いているのは自己責任じゃないの、と言われて傷つきました」。

こうした人たちの中には、「自分の努力が足りないから、こんな事態を招いた」などと自分を責めている人も少なくないため、世間の厳しい見方に接すると、より自信を失ってしまうこともある。しかし女性たちがおかれた厳しい現実を生んだのは、じつは社会の側なのだ。そのことは専門家も指摘しており、それについては次の章で詳しく触れたい。

非正規労働をしてきた中高年の独身女性にアンケートを行ったこの団体では、調査結果をもとに、二〇一六年から、非正規で働くシングル女性のための講座を新たに開設した。通年の講座ではないにもかかわらず、二年間で延べ三〇〇人余りが参加している。社労士やファイナンシャルプランナーなどの専門家を招き、「仕事」と「暮らし」を守るためのアドバイスを行ってきた。

この講座に参加した女性たちの声を集めてきた白藤さんは、問題の深刻さを知って欲しいと強く訴えている。

「ある参加者の方が、『人生一〇〇年だとしたら、自分はまだ折り返し地点も過ぎていないのに、負けが決まった消化試合をずっとやっている』というふうにおっしゃったんです。それがすごく心に刺さりました」

非正規で働いている女性たちは、拠って立つべき帰属集団を持てずにいる。正社員ならば会社への帰属意識を強く持てるし、そこが頼れる居場所にもなるが、彼女たちにはそうしたものすらない。

例えばパートとして働いている女性は、多くの場合、月に二〇日間ぐらい働いたとしても、時給で働くために手当などはほとんどなく、収入も正社員に比べて相当低い。しかも収入が増える機会すらほとんどない。福利厚生制度なども使えない。帰属集団を持てないだけでなく、福祉の蚊帳《かや》の外に置かれた状態でもあるのだ。

さらに独身の場合、それに加えて、妻という役割も持てず、母という立場にもなれず、「家」や「家族」という場所も持つことができない。会社でも、家でも自分の存在意義がぼんやりしてしまい、アイデンティティーを確立することさえ難しいという女性が少なくないのだ。白藤さんは「消化試合」という声を聞いた時、そうした女性のつらい状況が身にしみたという。

「中高年という、大人の年齢になっても、『自分が何者かわからない』という状況であり、何者にもなれない自分に気づいた時、非常に愕然《がくぜん》としたっていう話をされていて。そういう状況でずっと負け試合を消化していく、消化試合をしていくって感じるのは、ほんとに深刻なことだろうなって思えたんです」

第四章

専門家の視点から構造要因に迫る

「ミッシングワーカー」を生み出す社会とは

「ミッシングワーカー」を生み出す社会には、いったいどのような構造的要因があるのか。社会保障制度に詳しい専門家は、今の中高年について、「支援から見落とされがちな世代」だと説明した。

日本の世帯構造の分析などから社会保障制度に提言を行っている、みずほ情報総研主席研究員・日本福祉大学教授の藤森克彦さんは、これまで中高年は「働き盛り」であるという理由から、リスクがあっても支援の対象になりにくく、セーフティネットの網の目からこぼれやすかったと指摘している。

その上で、「ミッシングワーカー」の存在は、日本社会の構造変化を象徴的に表しているという。かつては四〇代、五〇代の中高年世代は、結婚して一家の大黒柱として働いていたり、専業主婦として家事や育児を担っていたりして、貧困や孤立などの問題が生じにくい人々という見方をされてきた。つまり彼らは、生活上のリスクを自分たちで解決できる人たちだと考えられてきた。

しかし、今の中高年の中には、結婚しない人が増えるとともに、非正規労働に従事して収入も十分ではない人が増加している。さらに親の介護まで抱える人が少なくない。こうした現代の中高年の姿は、経済成長を続けていた時代には想定されていなかったのだろう。

藤森さんは、無職や非正規労働に従事している中年未婚者が抱えるリスクは、放置すれば、一層深刻な形で顕在化していくことが懸念されるという。

「かつての中高年は、正社員として働く夫や、家事や育児などを担う妻が想定されていました。しかし、今の中高年は多様化しています。非正規労働者が増加し、他方で未婚の中高年層も増えています。非正規労働や無職の中年未婚者では、配偶者がいないので世帯内の支え合いが従来よりも弱く、様々な生活上のリスクが顕在化した時、問題が大きくなっています。支援の現場からは、中高年層で対応が難しく悩ましいケースが増えているという声も聞きます。こうした問題の一つに『ミッシングワーカー』があると思います」

待っているのは生活保護高齢者の急増

藤森さんは、総務省『国勢調査』をもとに四〇代・五〇代の世帯構造が時代とともにどう変遷してきたかを分析し、その大きな変化が「ミッシングワーカー」を生んだ構造的背景の一つだと指摘している。

表を見ると、一九九五年と二〇一五年を比較した場合、四〇代・五〇代の人口は減少し

	総数			男性			女性		
	1995年	2015年	増加率	1995年	2015年	増加率	1995年	2015年	増加率
40代・50代人口①	3,650	3,423	0.94	1,818	1,720	0.95	1,832	1,704	0.93
うち未婚者②	277	650	2.34	180	405	2.24	97	245	2.53
《②／①》	8%	19%	—	10%	24%	—	5%	14%	—
親と同居③	113	341	3.02	74	212	2.86	39	129	3.33
《③／②》	41%	52%	—	41%	52%	—	40%	52%	—
単身世帯④	121	269	2.23	81	178	2.19	39	91	2.32
《④／②》	43%	41%	—	45%	44%	—	41%	37%	—

40代、50代の未婚者と「親と同居」／「単身」世帯の増加状況（総務省『国勢調査』1995年版、2015年版より。不詳分を案分しているため、国勢調査の数値とは一致しない。また四捨五入の関係で、増加率は表中の数値を計算した数値と一致しない）

ているにもかかわらず、四〇代・五〇代の未婚者は二七七万人から六五〇万人と、二倍以上に増加。さらに、これら未婚者のうち、親と同居している人は、一一三万人から三四一万人と三倍以上に増加している。

　親と同居する中年未婚者が増加する背景には、非正規労働などに従事して所得が低いために、親と同居することで生計を維持していることがある。さらに、親の介護を抱えたために、未婚のまま親と同居することも起きている。そういった複合的なリスク（「未婚」＋「介護」＋「非正規」）を抱える人たちもいるのだ。

　さらに藤森さんは、公益財団法人年金シニアプラン総合研究機構の四〇代・五〇代

	本人年収100万円以下	従業上の地位					
		正社員	非正規社員	自営業・家族従業員	自由業・内職	無職	その他
単身男性	19.6	47.7	19.0	12.3	3.1	13.9	4.0
単身女性	15.5	43.4	31.2	4.4	7.5	11.7	1.8
2人以上世帯男性	25.4	39.8	19.6	14.9	4.6	18.7	2.5
2人以上世帯女性	38.5	31.8	34.7	6.6	5.0	20.3	1.6
合計	26.5	39.5	26.5	9.7	4.9	16.9	2.4

（数値の単位は％）

中年未婚者の年収と従業上の地位（出典：藤森克彦「中年未婚者の生活実態と老後リスクについて――『親などと同居する2人以上世帯』と『単身世帯』からの分析」〔Web Journal『年金研究』No.3、公益財団法人年金シニアプラン総合研究機構、2016年6月〕）

の中年未婚者を対象にした調査に参加して、中年未婚者の生活実態を分析した。その結果、親などと同居して二人以上の世帯を形成する中年未婚者のおよそ二割が無職であるという実態が明らかになった。働き盛りの世代であるにもかかわらず、仕事に就いていない人が二割に上るという現実は、「人手不足ニッポン」からすれば、もったいない状況とも言える。

そして中年未婚者に占める非正規社員の割合も、男性が二割、女性は三割を上回った。このように期限付きの時給制で働き、転職を繰り返さなければならない非正規労働が増加していることも、中高年世代のリスクであろう。彼らの中には今は働いていても、将来「ミッシングワーカー」になりかねない予備軍が数多く含まれると見られる。

四〇代、五〇代の未婚者のうち、年収一〇〇万円以下の人は、およそ三割弱。繰り返し述べてきたように、経済的に自立できなくても、親と同居していれば、親の年金と合わせて何とか暮らしていくことができる人も多い。そのためリスクは家族という箱で覆い隠され、親が亡くなった後に問題が顕在化した時には、対応が難しくなっていることが多い。「ミッシングワーカー」の問題も、長い間、この家族という箱の中に隠されてきた。しかし、その実態が少しずつ明らかになった今、解決へ導く手立てを講じなければ、将来の対策は一層難しくなると藤森さんは指摘する。

なぜなら彼らは、二〇年後、三〇年後に高齢期を迎えることになるからだ。そのため、このままでは生活保護を必要とする高齢者が、今よりも増える恐れがあるという。

「なぜ中年未婚者の中で低所得の比率が高いかというと、就職氷河期などによって非正規労働として就職したがゆえに、収入や雇用が安定しないことがあります。それからもう一つは、非正規労働者は年齢の上昇に応じて賃金が増えないので、世帯を持った時に子どもの教育費や住宅ローンを賄えるのかなど、将来に対して不安をもつようになります。このため、結婚に前向きになれなかったり諦めたりということがあるのではないかと思います」

超人手不足でもなぜ問題が解決しないのか

中年未婚者の「親亡き後」の状況も厳しい。藤森さんが参加した先の年金シニアプラン総合研究機構の調査では、老後を支えるための公的年金が、満額で月六万五〇〇〇円の国民年金のみに加入している人が、中年未婚者の六割弱となっているからだ。

しかも、中年未婚者のおよそ一割弱の人は、国民年金保険料が未納となっている。このため、高齢期に無年金者となる可能性も高い。親亡き後に生活を再建し、老後を安心して暮らすことも厳しい状況が見えてくる。

「長い間、仕事のブランクがあったり、あるいは親が亡くなった後というのは、孤立感も大きくなります。時間をかけて、精神的ケアも含めて支援をしていくことが必要になります。働けない中高年の方々への支援をせずに放置していたら、高齢期になるとその方々が貧困に陥るリスクは高まると思います。その中には生活困窮に陥り、生活保護の受給者になる方々もいるでしょう。一方で、きちんと中高年のうちに支援をして働ける状況になれば、その方々が税金を納め、社会保険料を納め、社会を支える側に変わるわけですね。働けない中高年の方々を支えるためのコストというのは、単なるコストではなくて、将来に対する投資なんだ、こういう意識を持つことがとても大切ではないかと思います」

藤森さんは、これまでの中高年の採用は、即戦力としての期待が大きかったという。このため、何も対策が打たれなければ、企業が「ミッシングワーカー」の採用に乗り出す可能性は低いと指摘している。特に企業は、再教育のための支援コストを掛けてまで「ミッシングワーカー」を雇いたいとは考えないためだ。

しかし、そんなことを言っていられない事態がもうすでに起きている。少子化と高齢化が同時に進み、人口減少社会となった日本では、二〇〇八年の一億二八〇〇万人余りをピークに減少の一途をたどっているからだ。

人口の減少は、労働力の減少につながる。国立社会保障・人口問題研究所の推計によれば、一五歳から六五歳までの生産年齢人口は、ピーク時、八〇〇〇万人を上回っていたが、二〇二〇年には一〇〇〇万人余り減少し、さらに二〇五〇年には二〇〇〇万人減少。六〇〇〇万人を下回ると見られている。

これは年齢による人口であるから、もちろん「ミッシングワーカー」など、長期間働けない人も含まれる数となる。ただでさえ激減する労働力に社会が耐えうるためには、「ミッシングワーカー」の問題は放置しておくことができない。喫緊の課題と言うことができる。

労働市場がすでに超人手不足に陥っている今、「ミッシングワーカー」が一〇三万人にも上るという現状を見過ごさず、労働市場へ戻ってこられるような支援策が必要なのだ。

「長い間、無職が続いている人たちでも、やれる仕事をパーツとして切り出して、支援を続けていけば、多少時間が掛かっても仕事を任せられるようになっていくことは多いと思います。仕事を任せることができれば、企業としても、仕事の効率化や長時間残業の防止につながっていきます。人手不足が一層深刻になる中で、一人一人はこれまで以上に貴重な存在になっています。無職の期間が長くても、働くことを希望する中高年の方々は、時間をかけて支援をしていけば働ける状況になっていきます。それは企業にとっても、社会にとってもプラスになっていくと考えています」

「ミッシングワーカー」と社会的孤立

もう一人、家族社会学が専門で、放送大学名誉教授の宮本みち子さんにも話を伺った。宮本さんは、「ミッシングワーカー」の問題を考える際に、重要視すべきなのが「介護リスク」だと指摘している。

二〇〇〇年に介護保険制度ができたが、急速に進む少子化の影響で、依然として家族の負担は大きい。さらに介護をする中高年の子ども世代は、非正規労働第一世代とも言われ、仕事の継続性や収入面に不安定さを抱えている。正社員のように介護休職などの制度も利用できないため、結果的に介護に専念せざるを得ない状況が生まれがちなのだ。

介護サービスの費用を節約するために、全部を自分で背負ってしまうと、孤立し、精神的にも追い詰められ、より再就職が難しい状況に追い詰められていくリスクもある。宮本さんが特にリスクが高いと見ているのが、親の認知症だ。

「親の介護が必要になってきた時、とりわけ認知症の介護が必要な状態になると、もう二四時間、親の世話に追われるわけですよね。ですから、外出も難しくなり、人といわゆる普通のおつき合いができなくなってしまう。時間的にも精神的にも余裕がなくなり、もちろん経済的な余裕も失われていますから、心が追い詰められてしまう。社会生活のベースをつくる時間と心のゆとりとお金でしょうか、そういう部分がみんななくなっていくんですよね」

その上で宮本さんは、超長寿化が進み、親の介護が一〇年、二〇年と続いてしまうことも子ども世代を苦しめていると考えている。親以外の社会から長期間隔絶されてしまうことがもたらす結果はあまりにも深刻なのだ。

「親の介護にかかる年数っていうのが、一ヶ月、二ヶ月で終わらないんですよね。そうやって数年間、あるいは十数年間、親の介護にほとんどとられているうちに、気づいてみたら、友人、知人からの便りもなくなる。自分も誰か他の人と会うというような経験がこの数年ないような、そういう状態になっていくんだろうと思うんですよね。少しでも早く、この予想されるどうしようもない状態に陥る前に何を今しなければならないだろうか、と誰かに相談をしたらどうかと思いますよね。ですけれども、結局、その相談をするということさえ思いつかずに日々の暮らしに追われているうちに、親子が孤立し、非常に厳しい状態になってしまうのが、閉ざされた介護のリスクだと思います」

「ミッシングワーカー」となった中高年世代が、再就職できずに親亡き後も家で「ひきこもり」の状態が続いてしまうと、自らの老後についても、厳しい未来が待ち受けることになるということだ。

「親亡き後」の孤立

新宿区が壮年期（三五歳〜六四歳）の単身者について、アンケートを行い、実態調査をすすめた際、宮本さんはアドバイザーとしてアンケートの分析にあたり、「ひきこもり」の状態、いわゆる「ミッシングワーカー」が何に困窮しているのかについて解析した。

アンケートの結果から、「社会的孤立」に関する調査項目では、「入院・介護時に頼れる人がいるか」との質問に対して、男性の場合は低収入になるほど、「いない」と答えた人の割合が高く、五割を超えていた。

働けないこと、収入が低いことは、人と接する機会を失わせ、社会からの孤立を加速させることがアンケートの結果からも明らかになったのだ。この調査でアドバイザーを務めていた宮本さんは、「ミッシングワーカー」と「社会的孤立」は密接に関連していると考えている。

「働くことは人間にとって非常に重要な社会的な役割ですから、特に男性の場合は、仕事をしていない現役年齢の人たちは、もうそれだけで自分は一人前の資格を剥奪されたという感覚を持つわけですよね。だから、人と接する場合にも自信がないという、そういう気持ちが強いんだと思います。その上に、働いていないため定期的なお金が入らないわけですから、日々不安になり、かつ、そのお金とはまた一つ切り離して一人前の証になるような仕事をしていないという感覚ですよね。社会の一員から外されたっていう、そういう感覚を持つことになるんだろうと思います」

「ミッシングワーカー」という存在が社会に問いかけていること、それは日本が国際競争力を強めて世界に冠たる経済大国を目指すのか、それとも成熟した国家として一人一人が幸せに暮らせることを最優先した社会づくりをするかということなのかもしれない。「ミッシングワーカー」が今以上に増えていけば、生産活動に参加できる人が今よりも減っていき、生産性が低い社会になっていくリスクがある。

そういう意味では、本来、中高年の働き盛りの世代は、一人一人が貴重な戦力であり、十分に能力を活かして、社会の担い手として活躍してもらえるような環境にいなければならないはずだ。しかし、介護や非正規労働など、様々なリスクに直面した人たちが担い手になれない、そんな社会になってしまっているのだ。

宮本さんは、これまで日本が進んできた方向性を今、見直し、本当に持続可能な社会を構築するためにも、一人一人の労働者が大切にされる社会を目指して、制度や政策をつくっていかなくてはならないのではないかと指摘している。

「私は、働けない人をそのまま放置して、大企業で働いているような有能な人材だけで経済大国をつくっていくという路線は間違いである、という認識を私たちの社会が共有することが必要なんじゃないかと思うんです。人口も減少する中で一人一人の人間を大切にし、みんなが幸せだと思って暮らせるような社会にしていくべきだと思うわけです。そのような目標を掲げないと、この社会を潰していくことになると思います」

「消えた労働者」を再び労働市場へ

それでは「ミッシングワーカー」が再び働けるようになるためには、いったいどうすればいいのだろうか。具体的にどのような支援メニューが必要なのだろうか。私たちはそのヒントを求めて、大阪府豊中市の「くらし支援課」を訪ねた。

豊中市は、若年無業、いわゆる「ニート」と呼ばれる人たちへの支援を、全国に先駆けて行ってきた自治体だ。その中核を担う「くらし支援課」の特徴は、他の自治体と異なり、福祉部局ではなく、産業振興部局が中心となって組織されていることにある。

つまり「ニート」の人たちの再就職をハローワークなどに任せきりにせず、自ら企業を開拓し、彼らの状況を理解し雇用してくれる先を増やしてきた。そして現在は、そのノウハウを活かし、中高年の「ミッシングワーカー」に対しても、企業とのマッチングを行い、実際就労に結びつけている。

取材に対応してくれた濵瀬宏司さんが、開拓した企業のファイルを見せてくれた。分厚いファイルが、五つ机の上に並べられ、それぞれの個表に企業の概要と、仕事の詳細な内容、求める人材の特徴などがまとめられている。

「これは、今まで一二年間に、長期間、ひきこもり状態だった人でも雇用すると応諾してくれた協力企業を登録してある企業ファイル、登録票になります」

「大体、どのぐらいの数があるんでしょうか？」

「約一〇〇〇件になります」

人手不足が深刻な中、行政がしっかりと関わり、再就職に向けたサポート態勢をとっているのであれば、最初から「フルタイム」で働くことが難しい人であっても、雇用したいと希望する企業は増えているということだった。

「企業から人を紹介してほしいという連絡がありましたら、まず我々職員が企業を訪問して、どんな人材が欲しいのか、どんな業務内容なのか、いつから働いて欲しいのかなどの状況を聞き取り、登録させていただいております」

この取り組みの狙いは、就労支援を講座などで終わらせるのではなく、実際の就職という出口まで見届けることにあるという。こうした支援センターは、とにかく就労希望者を集めて講義を行うなどの入り口の支援にとどまりがちだ。しかしここでは企業側の理解を得ながら、働き始めた後もサポートを続け、就労状況が安定するまでしっかりと見届ける「出口支援」にむしろ力を入れている。

「我々は、もともと地域就労支援事業というのをやっておりまして、そういった相談者の出口として企業開拓をしております。その企業がどういった企業で、どういった仕事があるのかを理解した上で、相談者に紹介するために企業訪問をしております。就労困難な方というのは、自力で活動できない人、自分ではなかなか探せない人ですので、そういった意味では、我々がしっかり出口を探してつないでいくことが重要だと思っております」

　こうした取り組みで若者の就労支援の実績を上げてきた豊中市が、いま力を入れ始めているのが中高年の就労問題だ。そのきっかけとなったのは、独自に行ったアンケート調査の結果だった。

　豊中市では二〇一六年度、一五歳から三九歳までの「ひきこもり実態調査」に四〇歳から四五歳までの年齢層を加え、比較調査を行った。当時、「ひきこもり」は、国の定義で三九歳までとされていたが、豊中市では二〇一〇年度に行ったアンケート調査で、当時の三〇歳代後半の「ひきこもり」状態の人たちがどうなっているかという経過を見るためにも、四〇代の調査も加えることになったのだ。

その結果、四〇歳以上で「ひきこもり」の状態にある人のうち、一〇代から「ひきこもり」という人はおよそ半分に過ぎず、三〇代以降になってから、新たにそうなった人が、約四四パーセント、つまり四〇代の「ひきこもり」全体の半数近くに上ることがわかった。不登校などで一〇代から家に閉じこもりがちの人だけでなく、二〇代の頃には普通に働いていた人が、三〇代以降に何らかのきっかけで働けなくなり、「ひきこもり」に陥っている実態が浮かび上がったのだ。

調査の結果からは、さらに最初から無職という人は少数派で、就業経験があると回答した人が七割を超えていて、失業や転職などのつまずき、介護などによる失業が原因になっている、いわば「ミッシングワーカー」が多くを占める可能性が高いことも浮かび上がってきた。

「一日、社会に出た中高年の方が、人間関係であったり、ご自身の病気であったり、あるいは家族の方の介護等の理由で離職をしてしまって、そのままひきこもり状態になったケースがあるのではないかというふうに考えております」

こうして豊中市では、単独の独自調査から、中高年の「ミッシングワーカー」の問題にたどり着き、「若者層」に限定せず、中高年の就労支援にいちはやく乗り出してきたのだ。

ある「女性ミッシングワーカー」の挑戦

豊中市は、雇い入れ先の企業を開拓するだけでなく、それに対してきめ細かな就労支援を行うための様々な支援策も講じている。「ミッシングワーカー」に陥ってしまった人たちに、気に入った企業を一度見学してもらったり、さらに職場体験をしてもらったりと、段階的なステップを踏んでもらうことで、リハビリ期間を設け、再就職するまでに自信を取り戻してもらうことが狙いだ。

段階的なステップの中でも鍵を握るのが、就職を希望する先の企業と面接をする前に、どういう働き方を求められるのか、どんな人たちが働いているのかを事前に知ることができる「企業見学」だ。この事前の見学こそが、長く就労につまずいてきた人たちを安心させ、スムーズな就労に結びつける上で重要と聞いて、同行取材をさせてもらうことにした。

取材当日、支援員に紹介されたのは、これまで非正規雇用を転々としてきたものの半年前に転職につまずき、それから働けない状態が続いているという女性（三九歳）だった。支援員は、この女性と一緒に就職を希望している企業の「企業見学」に向かった。先方にも、あらかじめ連絡を入れてあるという。

訪ねたのは、市内のばねメーカー。まず工場の事務所で、女性と支援員、会社の社長が向かい合い、見学の順序などについて確認をすることになった。支援員は、その冒頭、改めて見学の意味について社長に説明した。

「御社が、求人を出しておられるというのもあって、ご本人が応募する前に、どんな仕事をされているか、周りがどんな環境であるかというのを見学させていただくと同時に、ご本人が興味を持てるようであれば、少し実習等でお互いの見きわめ期間が持てたらということで、そのご相談で来ました」

　この会社は、「ミッシングワーカー」の人たちが就労先に困っていることを知ると、人手不足の解消につながるのではないか、と積極的に協力してきた。そのため、事前見学などについても理解した上で、就職に結びつけたいと考えていた。

「ぜひ現場を見てもらって、働いている人の表情も見てもらえればと思いますので、一つよろしくお願いします」

　一度、「ミッシングワーカー」になった人は、求人票を見てすぐに採用面接に臨んでも、うまく自分が表現できず、失敗してさらに挫折を経験し、より就労から遠のいてしまうケースも少なくない。そういうつまずきを防ぐために、考え出されたのが「企業見学」

だった。具体的な仕事の内容や、職場の雰囲気を自分の目で確かめてもらうことで、面接に臨む自信をつけてもらうのだ。

事務室から出た女性と支援員は、社長に案内されながら、工場の業務全体の流れや、自分が担当する可能性のある、検品作業を入念に見学して回った。

「ばねを成型して、メッキして、最終的に、ここで異常がないか検査して、梱包、出荷という一連の作業になります。ここの検品作業は、やっぱり最後のとりでになるところですので、一個ずつ見てもらうことになります。やはり目は疲れます」

緊張気味の女性に支援員が声をかける。

「目が疲れるそうです。大丈夫？」

「大丈夫です」

見学を始めて一時間も経つと、女性は次第に緊張がほぐれてきたのか、表情も笑顔に変わり、自ら会社側に質問を始めた。

「一日何百個とか、ノルマは決まっているんですか？」

「人によって個人差は必ずあるので、その人の適性に合った数量ややり方を極力アドバイスしていくようにしています。流れ作業ではないので、追われることはないと思います」

こうした場面でも、支援員は、少しでも不安を残さないように、すかさずフォローする。

「工場での作業は丁寧にしたい、きっちりやりたいという思いがあると事前に話していたよね。ノルマを達成したいという思いも、もちろんあって、少しそこに不安を感じているという思いは聞き取っていたので、多分その質問が出たのかなと」

女性の不安な思いを理解した様子で、社長は重ねて無理なノルマを課すつもりはないと説明した。

「ほとんどの方が新しい会社に入って、自分がどの程度できるかというのはやっぱり不安に思うと思います。それに対して会社側としても、その辺を踏まえた上で話しながら作業しているところです。個人差というのは間違いなくありますし。ただ、お客さんへの納期ももちろんありますし、その辺は調整して、無理のないようにしたいと思います」

見学を終えた女性の中には、この会社で働いてみたいという意欲、そして働いていけるかもしれないというかすかな自信が生まれたようだった。

「働いている人たちは、みんなそれぞれ一人ずつこつこつと作業をしていらして、自分もやってみたいなとちょっと思いました」

そんな女性の変化を見て、付き添っていた支援員も満足そうだった。

「ちょっと思ったんやね。できそうと思った？」

「うん」

「そうかそうか。そこからだもんね。まずはできるって思うところが大切やからね。あとは、実際に本当にできるかどうかやってみるっていう」

「はい」

「お疲れさまでした。最初は緊張するもんね。大丈夫かな、今日は」

　支援員は、いったん働くことから遠ざかってしまった人や転職でつまずいた経験がある人たちが、再び働きたくても自信を持てないために、就労に踏み出せない姿を、傍《かたわ》らで見続けてきた。

「支援している方々の多くは、いったん、採用面接に通って就職しても、本当に定着できるかどうかという、何らかの課題を抱えていますので、定着しない可能性があるんです。それで離職しちゃうと、また自信をなくしてしまうんですね。ですので、できるだけそういった失敗がないようにしたいと思っております。そういう意味で、採用前に、どんな企業なのか、そこで働く人や代表の方はどんな人なのかというのを、企業見学という形でしっかり見きわめていただくことが非常に大事なのではないかと考えています」

次のステップは「長続き」への支援

企業見学を経て、無事に就職につながったとしても、長く働き続けられるかという次の課題にいずれ直面する。そこで良好な就労状態を維持するために、豊中市が行っている取り組みが「定着支援」だ。

私たちは、定着支援の現場にも同行取材をさせてもらった。当日、支援員が向かったのは、市内の高齢者介護施設だった。一ヶ月前からここで働き始めた男性が、何か困ったことはないか、どんな働きぶりかなどを確認するために訪問したのだ。

男性は、真面目な性格だが、長く仕事から遠ざかっていたため、自分の能力に強い不安を感じていた。そのため支援員は、注意深く経過をみながら支援を続ける必要があると考えていた。男性は、この施設で現在アルバイトとして働いている。働く姿だけを見れば、高齢者の食事の介助や、移動の手伝いなど、何も問題なくこなしていた。

支援員は、男性の働きぶりを見学したあと、一緒に働いている人たちに話を聞いた。まず訪ねたのが、男性の任された職場で責任者をしている女性スタッフだった。

「今日から一日フルタイムやけど、どう?」

「今のところバテてない、頑張ってますよ」

「六時間経ったけども」

「うん。得意なわらび餅もつくってもらって。あとはこっちの調理補助、盛りつけとかキュウリの酢の物をつくってたんです」

「へえ。調理の補助まで」

「仕事の内容としては、もう彼は全部こなしてるので、全然心配することがない感じ。きっちりしている。みんなからもすごく信頼されているわよ」

　男性が職場で仲間に働きぶりを評価されていることに安心した支援員は、男性本人に現在の気持ちを尋ねた。

「今日からフルタイムになったんやけど、今日は頼まれたん?」

「そうです、そうです」

「大丈夫そう?」

「うん、大丈夫ですね」

「今日、わらび餅をつくったんでしょ?　急に来て、頼まれたん?」

「そうです、そうです」

「上手にできた？」

「まあまあ……」

男性は任された仕事をしっかりとこなせたことで、自信に満ちた表情で話していた。

「仕事の段取りも、もう覚えた？　最初は段取りを覚えるのが苦手とか、ちょっと覚えられへんかもって言ってたけど」

「一応、一応ですかね。段取りどおりできてるのは、ほかの方がいらっしゃって、その助けがあるからできているだけですよ」

男性は、仕事の段取りを覚えたと答えつつ、仲間の助けにも感謝しながら、謙遜して遠慮がちに話した。そして、この職場で長く働き続けたいと思うようになったと、力強く語った。

「こうやって働けるところがあるっていうだけでも、ありがたいし。僕自身雇ってもらってる以上はやっぱり丁寧にやっていきたいですし、大事にもしていきたいですし。仕事してない時期があったのに、こうやって仕事ができているのも、豊中の行政の助けがあったからで、このままちゃんと仕事を長く続けていけたらなと思っています」

豊中市では、働けない人が就労することは、本人にとってはもちろん、地域の企業や行政にとってもメリットが大きいと判断し、このような支援を行っているのだと濵瀬さんは話す。

「豊中市は非常に事業者が多い地域で、人材不足で悩んでおられる事業者もありますので、そういった会社に、豊中市民を紹介することで、企業支援にもなります。そして、行政側から見ても、支援者の方が、支えられる側から働き手に転換しますので、そういう意味では、社会保障関係経費の削減ということにも、最終的にはつながっていくと思います。そして、何よりご本人たちが、働き始めると、やっぱり喜んではるというか、なんか『今まで何もでけへんかった自分が人の役に立ってる、ちゃんと社会の一員として復帰できた』ということを、うれしそうに話すんですね。心の底では頑張りたいと思っているけれども、どうしていいかわからないという方たちなので、行政としては支援していくことが重要であると思っております」

「ミッシングワーカー」が、再び仕事を探そうと思えるようになり、仕事を見つけ職場に定着するのは、容易なことではないと思う。しかし行政が発想を変え、きめ細かい支援を行えば、決して不可能ではないことを、豊中市の取り組みは教えてくれているのではないだろうか。

第五章　「ミッシングワーカー」を脱するために

角谷晃男さんとの出会い

豊中市のように、地域の様々な福祉機関が連携して、「ミッシングワーカー」から抜け出すための支援を進めるという動きは、現在各地に広がっている。そうした中で、私たちが二年近くかかって立ち直っていく様をそばで見守り続けてきた男性がいる。

角谷晃男さん、五五歳。どれほど長い間、「ミッシングワーカー」に陥っていても、再び働き、社会との接点を取り戻すことができる――それを私たちに教えてくれたのが角谷さんだった。

角谷さんの変わっていく姿を見続けてきたことで、私たちは、「ミッシングワーカー」の状態から、人は必ず立ち直ることができると確信することができた。そして、その希望を伝えるためにも角谷さんの半生をNHKスペシャルで伝えたい、という思いで取材を続けてきた。それは地域の人たちが起こした、小さな奇跡の物語でもあった。

角谷晃男さんと出会ったきっかけは、ゴミ屋敷についての地方紙のベタ記事だった。その記事は、三重県伊勢市の社会福祉協議会が、二〇一六年から新たに、孤立を防ぐための専門機関として生活サポートセンターを設立し、そのセンターが孤立している人たちの支援に動き出していることを伝えていた。そして、そのセンターが支援していた実例として、記事の中で紹介されていたのが角谷さんだった。

角谷さんは、自宅にひきこもり、無職で社会と接点もなく孤立していた。家はゴミ屋敷となっていて、衛生面でも健康面でも危険な状態だったが、支援を受けながら立ち直り、仕事探しを始めた、というものだった。

私たちはこれまでの取材の積み重ねの中で、社会と隔絶された人たちの中には、長期間、人と関わりを持たずに孤立を深め、家もゴミ屋敷同然に荒れ果ててしまう人が少なくないことを知っていた。だからこそ、この記事を読んだ瞬間、角谷さんも「ミッシングワーカー」で、とりわけ事態を深刻化させてしまった人だと想像した。

記事には、センターの支援で角谷さんが徐々に前向きに生きようとし始めている姿も書かれていた。もしかしたら、角谷さんの変化を追っていけば、「ミッシングワーカー」を脱するための希望が見えるかもしれない――角谷さんに密着取材を申し出たのはそうした思いからだった。

ゴミ屋敷とセルフ・ネグレクト

二〇一七年一一月、記事にあった伊勢市の生活困窮者支援窓口、「伊勢市生活サポートセンターあゆみ」を訪ねた。

「サポートセンターあゆみ」は、伊勢市から委託を受ける形で社会福祉協議会が運営している。名古屋のサポセン同様、二〇一七年四月、生活困窮者自立支援法のもとで自治体によって開設され、生活困窮者自立支援事業の一環として、地域で孤立し、収入が不十分で生活が厳しい状態の人たちの支援を行ってきた。地域にある様々な機関と連携しながら行うことで、複雑なリスクを抱えた人を多角的に支援していくことが狙いだ。

「サポートセンターあゆみ」が開設されてから、半年間で支援を行った案件は二一九件。そのうち四〇代、五〇代の中高年がいる世帯を支援したケースは四九件と、四分の一を占めていた。

センターでソーシャルワーカーをしている嶋垣智則さんに、記事の男性を紹介して欲しいと依頼すると、快く承諾してくれた上で、本人にもＮＨＫのスタッフの取材を受け入れるかどうか、聞いてくれた。

そして角谷さんが了解してくれたと、まず見せてくれたのが、センターが支援を決めた

高く積まれたゴミの山で玄関がほとんど見えなくなっていた

当初に角谷さんの自宅を撮影した写真だった。それは、これまでに見たことがないほど荒れ果てたゴミ屋敷の写真だった。

その写真は、私たちの想像を遥かに超えていた。最初に目に飛び込んできたのは庭だ。雑草が生い茂り、植木は手入れをしていないため、枝が伸び放題。そして縁側から庭の端まで、あふれ出たゴミで埋め尽くされている。さらに玄関の引き戸の前にも、家の中からあふれ出たゴミで山ができていた。

写真をよく見ると、家の中にもゴミの山ができている様が映っていた。そして、ゴミの山の真ん中あたりに小さなくぼみがあった。このくぼみは、角谷さんの寝る場所だったという。角谷さんは、ゴミの中に身を沈めて寝ていたのだ。

当時の角谷さんの様子を、嶋垣さんは忘れられないと語った。

「ひげが顔を覆い尽くし、洗っていない髪の毛が伸び放題で、まるで仙人のような出で立ちだった。固形物が食べられないということで、水や『ウイダーinゼリー』などの流動食のようなものでしのいでいたみたいです。どうケアをしていくのか考えました。衰弱している印象で、病院にもしばらくかかっていないということで、なんらかの病気になっているのではという心配もありました」

ホームレスのような状態でずっと入浴もしていなかったので、社会福祉協議会にあるシャワーを利用して身体をきれいにし、それからきちんとした食事をとり、病院の受診へと進んでいくことになった。角谷さんは、もはや人間らしい暮らしを失い、命を落としかねない危険な状態に陥っていた。

このように「ミッシングワーカー」となって長期間経過した人の中には、住居がゴミ屋敷になってしまう例が多い。生きる気力が持てず、収入も断たれた状態では、生活が荒れ果ててしまう人が少なくないからだ。

自分で自分のことを構わなくなり、食べることはもちろん、身なりや家の掃除、周りの環境など、生活や健康が極端に悪化しているにもかかわらず、周囲に助けを求めようとせず、生きる気力を失っていく状態を「セルフ・ネグレクト（自己虐待）」という。

「ネグレクト」という言葉は、日本では育児放棄を意味する言葉として使われるが、「セルフ・ネグレクト」はひきこもりの大人が生きる気力を失い、自分のための暮らしやすい環境を整えようともせずに、自分にとってリスクのある状態を放置してしまうことを指す言葉として使われるようになった。

積極的な自殺をせずとも、食べることや衛生的な環境を守ることをしなくなるため、いわゆる「自死」に向かってしまう人も少なくない。

ひきこもり＋ゴミ屋敷＝孤立の深刻化

長期間ひきこもっており、すでに社会から孤立した人が、生活が荒れ果てゴミ屋敷に暮らすようになると、さらに周囲から距離をおかれ、より状況が深刻化してしまうことが多い。角谷さんもそんな一人だった。

「あの迷惑な家の住人」という目で見られ、ＳＯＳを発するどころか、周囲の人となるべく顔を合わさないようにと、自分から社会と距離を置こうとしてしまい、孤立を深めていってしまうのだ。

そもそも、「ゴミ屋敷」はなぜつくられてしまうのか。ゴミ屋敷というと、「危険」「汚い人」など、とにかく印象が悪い。近所の人たちが迷惑に感じ、自治体に苦情を申し出たりして、敵対視されている例もあるだろう。

しかし、取材をしてみてわかったのは、少なくともすべてのゴミ屋敷の住人が、好んでその状態をつくっているわけではないということだった。だからこそ、やっかいなのだ。先ほども述べたように、ゴミ屋敷の背景には「セルフ・ネグレクト」がある。つまり、彼らは「セルフ・ネグレクト」の状態に陥った結果、家の中が次第に荒れ果てていき、時間が経過するうちにゴミ屋敷になってしまうというわけだ。

そして、そのまま支援をせずに放置してしまえば、孤立死に至っていたリスクが高かった角谷さんのように、ゴミ屋敷の住人は孤独死と隣り合わせでもある。東邦大学看護学部の岸恵美子教授の調査では、孤立死の七割に「セルフ・ネグレクト」が見られたという。すんでのところで支援につながっていた角谷さんは、おそらく命をも救われていたのだ。

非正規の肉体労働を経て「ミッシングワーカー」に

孤立死寸前に陥っていた角谷さんが、どうやって「働く意欲」を取り戻していったか。その経緯を直接聞くため、「元」ゴミ屋敷だった自宅に向かった。角谷さんは、一戸建て住宅が並び、のどかな光景が広がる伊勢市二《ふた》見《み》町《ちょう》の、両親から引き継いだ家に一人で暮らしていた。

伊勢湾に面している町は、海岸線に沿って広がっている。海のほうを眺めると、パワースポットとして有名な「夫婦岩」があり、観光地ではあるが、地方特有ののんびりとした雰囲気が漂っている。

目的地の一軒家に着くと、庭の椅子に座っている男性の姿が見えた。それが角谷さんだった。外から来る私たちにすぐに気づけるよう、庭で待っていてくれたようだ。「ミッシングワーカー」の実態を伝える番組について、趣旨を説明すると「おー。なんでも話するで」と拍子抜けするほどの明るい声で応じてくれた。

三重県で生まれた角谷さんは、運動が得意な活発な少年だった。高校時代はレスリング部に所属。体格も良かった角谷さんは、すぐに頭角を現し、高校二年生の時に東海地区で二位の成績を収めるなど、将来有望な選手だと太鼓判を押されるスポーツマンだった。

その時の賞状は、今でも自宅に残されていた。大学は、スポーツ推薦で関東の大学に進学し、レスリングを続けた。しかし、有名選手が集まっていた大学のレスリング部は厳しく、ついていくだけで精一杯。結局、試合で結果を残すことができず、大学生活を終えると普通に就職活動をすることになった。

卒業後は、地元に戻り、飲料販売会社に就職。正社員としてバリバリ働いた。自動販売機の管理を行う会社で、営業を任されていたのだ。当時の職場の写真には、若い角谷さんが同僚の女性社員たちと、はにかみながら写っている姿があった。どこにでもいる、ごく普通のサラリーマンという印象だ。この頃は、仕事が面白く、悩むことはあっても充実した生活を送っていたという。

「面白い仕事やった。人を使って営業をかけていく仕事やったし、思い通りにいかへんから悩むこともあったけど、今考えてみると、面白い仕事やったな」

ところが三〇歳を超えた頃、営業の最前線で働く過労とストレスから、十二指腸潰瘍を患い、会社を退職しなければならなくなる。そしてこの失業から、角谷さんの人生の歯車が狂い始めることになった。

失業した角谷さんは、独身だったため両親と暮らすことを選択した。しかし角谷さんが三〇代半ばの頃、父親が喉頭がんを患い、寝たきりになったことで、その介護をしなければならなくなった。母親もいたが、失業したばかりで無職だった角谷さんも介護を手伝いながら、再就職先を探した。その後、建設会社や食品工場などの職は見つかったものの長続きせず、仕事を転々とする不安定な状況が続いた。

「三〇歳を過ぎて、ある程度の年齢になっていたから、長く働ける職場を探していたんやけども、なかなかそういう仕事が見つからへんかった。二、三年働いて『ああやっぱりあかんわ』ってなると、また年齢がそんだけ上がっていくでさ。そうすると、まただんだん仕事探しが厳しくなっていくわけで、今思えば悪循環やな」

三八歳の時に父親が亡くなり、その三年後、四一歳の時、同居していた母親が心筋梗塞で亡くなった。がんを患い死を覚悟していた父親の時と違い、母親の急死は角谷さんに大きなショックを与えた。

それまで角谷さんは毎食手づくりの料理を準備してくれる母親がいたため、食事の心配だけはすることがなかった。風邪をひいても、おかゆをつくってくれ、病院へ行くように諭してくれる母親の存在は、非正規の仕事を転々とする不安定な暮らしの中で、角谷さんの心の土台になっていたのだ。

唯一の家族だった母親が突如いなくなり、一人残された角谷さんは、次第に生活が荒れていった。もはや止めてくれる家族はいなかった。食生活の乱れもあって胃腸の病気が再発を繰り返し、体調を壊しがちになっていった。それでも仕事は短期間の派遣や日雇い労働をしてなんとか続けていたという。

しかし母親の死から三年が過ぎようとしていた頃、非正規の仕事を転々としていく生活に耐えかねたのと、年齢を重ねて肉体労働を続けることが厳しくなったことから、ついに次の仕事を探そうとしなくなった。そして、無職であるのに求職活動もしない、いわゆる「ミッシングワーカー」の状態に陥ったのだ。

「年齢が高くなってきて、身体がきつくなってきて、だんだん、だんだん、何というか荒れてきたの。働く意欲が削られていくっていうか、生活のリズムまで狂ってきて。どの時点かわからへんけど、心が折れたんやな。ああ、もうええやって投げ出したんや。それがどの時点かわからへんけど、もう働くのは止めやって」

生きる気力を失って

働かなくなり、収入が途絶えてしまった角谷さんは、有り金が尽きると深夜に街をさまよい、コンビニのゴミ箱などから消費期限切れの食品を探すなど、いつしかゴミ漁《あさ》りが日課になっていた。

あらゆるゴミ置き場から「使えそうなモノ」や「どこかで売れそうなモノ」を見つけると拾ってきてしまうゴミマニアになってからは、家はゴミであふれるようになっていった。まだ読める新聞や雑誌、使えそうなカサなど、どんなものでも拾ってきてしまうからだ。そしてゴミを集め続けて一〇年以上が経過した時、拾い集めたゴミで家があふれかえり、ゴミ屋敷の住人になっていた。

しかしそうした状態に陥っていても、現状を変える気力は湧いてこなかった。角谷さんは、次第に考えることも止めてしまったという。家にあったラジオを聞くだけの生活を送りながら、家の外の「あっちの世界」とは関わりたくないと思うようにすらなっていた。

「寂しいとかもなかったな。ラジオがあったからさ。あっちの世界へ入りたいかって聞かれてもわからへんのや」

角谷さんは自分が暮らす家の中だけが、自分のいる社会で、外の社会との接点を持てなくてもいいと思うまでに孤立を深刻化させていた。

「まあ言うたら、平均台の上を歩いている感じやったかな。右側に落ちると死ぬ、左側に落ちると一般社会に戻る、そういう平均台。どっちかに行く意思があるわけでもなくて、ぼんやりと平均台の上を歩いている感じ。仮に、右側に落ちて死んだとしても『別にいいや』という気持ちやったな。思考回路が止まっていたのかもしれんな」

長い間仕事もせず、ゴミ漁りを続ける日々を過ごしていれば、元の生活に戻りたいという焦りや恐怖などにさいなまれているに違いない――そう普通は考えるだろうが、実際はそうではない。角谷さんのような深刻な状況に陥ってしまったケースでは、前へ進む気力さえ奪われているため、感情や思考さえ止まってしまい、いわば「冬眠」しているような状態になってしまうのだ。

このような状態になった人たちは、自分が危機的状態にあることを自覚することがないため、外部に対してＳＯＳを発することはあり得ない。角谷さんはまさに、そんな状態だった。

「これでもう死んだら死んだ時やし、死ぬ時は誰でも死ぬから。普通の社会へ戻っていく手段がわからへんかったからな。未来は見えてなかったからな。変なことを話すようやけど、死んでも納得するというか、このまま死んでもええわってさ」

ＳＯＳがなければ、周囲も彼らが深刻な状態で、支援が必要だと気づくこともできない。だからこそ、孤独死に向かってしまうリスクがあるのだ。最悪の状態になる前に、いかに危険な状態に陥った「ミッシングワーカー」を発見し、支援の手を差し伸べることができるか。それが支援機関の大きな課題になっている。

ゴミ屋敷からの脱出

ゴミ屋敷の住人となり、世間から隔離された世界で生きていた角谷さんに支援が及ぶようになったきっかけは何だったのか。それは、深夜に起きたある出来事による、偶然の「発見」だった。

二〇一七年五月、深夜二時過ぎ、角谷さんは人気のない住宅街でさまよい歩いていた。空腹すぎて、どうしようもなく街へ出てきたものの、食料にありつけず、家へ帰ることもかなわない状態で徘徊していたのだ。

どう見ても不審な動きをしている角谷さんに気づいたのは、偶然、その住宅街をパトロールしていた地元の警察官だった。「こんな時間にどうしました？」と声をかけた。角谷さんは、呼びかけに応えられず崩れ落ちるように倒れ込んだ。痩せこけ、顔色も蒼白で瀕死の状況だったのだ。

　これが、支援につながるきっかけとなった。連絡を受けた「サポートセンターあゆみ」では、地域を巻き込んで角谷さんを支援しようと、早速準備にとりかかった。そして角谷さんの家から歩いて一分もかからない近所に住んでいる民生委員の渡嘉敷倍枝さんが地域住民への声かけをして、時間に余裕のある高齢の方々を中心に、住民が集まった。

　まずは様子を確かめに行こうと、民生委員の渡嘉敷さんとセンターのスタッフらで角谷さんの自宅へ行って声をかけた。しかし、どれほど呼びかけても角谷さんが家から出てくることはなかった。

　翌日、またメンバーたちは角谷さんの家を訪れた。呼びかけると、今度は角谷さんが這《は》って出てきた。何日か食事をとっておらず、衰弱が激しく、入浴もしていないためか、全身が黒ずみ、顔もひげで覆われ、ひどい有様だった。

　近づいても立ち上がることもできないほど弱っている姿に、訪れたメンバーは別の場所で食事や入浴をしてもらって、少し元気になったら家を何とか住めるように片付けなければならないと話し合った。

そして取り組んだのは、地域住民を巻き込んだゴミ屋敷の片付けだった。当日は、センターのスタッフ数名を中心に、渡嘉敷さんたちの呼びかけで地域住民二〇人あまりが集結し、ゴミを次々に片付けていった。

取り戻した「つながり」

渡嘉敷さんは、角谷さん以外にも、地域で困っている人たちに声をかけたり、様子を見に行ったりするような、地域のお母さん的な存在だった。そんな渡嘉敷さんは、最初に角谷さんと遭遇した時、あまりにも寂しげな様子に放っておけなくなったという。

「最初に来た時は、立ち上がれないから這って出てきて、その後、歩いていてもかがんでいてね。上を見ないで歩いていたわね」

角谷さんは当初、誰とも目を合わせようとせず、いつも下ばかり向いていた。しかし家がきれいに片付いた頃から、少ししゃきっとするようになり、会話も増えていった。

「家の前にしゃがんで、いろんなつらかったことを話してくれて、私は一生懸命聞いていました。本当に孤独だったんだと思います。かわいそうというか、気の毒だと思いました。こんな（動物の）巣のようなところに寝て、体も弱って。人間として、人として、本当に、かわいそうやなと」

一般にゴミ屋敷の住人は、地域から恐れられたり、警戒されたりするケースが少なくない。角谷さんに対しても、そうした声がなかったわけではない。しかし渡嘉敷さんは、話してみると悪い人ではないし、怖い人でもないからと、地域の人たちにもコミュニケーションをとってもらえるよう協力を呼びかけた。

「コミュニケーションが大事かなと思って。ご近所の方にも頼んで、話しかけてあげてくださいって言うて。ここら辺は田舎だから、みんな親しい人ばっかりやから、いろんな形で声掛けすることが一番大事かなと思ったんです」

角谷さんの家には、地域の人たちが、代わる代わる訪ねてくるようになった。毎日のように声かけをしてくれる渡嘉敷さんだけでなく、渡嘉敷さんと話していると近所のお年寄りたちも挨拶をしながら通り過ぎていったり、足を止めて会話に加わったり、そんなことが続く中で、角谷さんは次第に普通の会話ができるまでに回復していった。

「近所の高齢者の人たちが、声かけてくれるようになって、『おはよう』って挨拶したり、『いま、こうしていて』みたいに報告すると『よかったな、ほんなら頑張りなよ』とか返してもらったりしてね。僕はそういう人らに元気をもらって、支えてもらった感じかな」

この頃になると、角谷さんは家で簡単な食事をつくって、食べるようになっていた。一時は、水分以外はのどを通らなかった。それに比べれば、大進歩だ。パンを焼いて食べたり、インスタントラーメンをつくって食べたりするなどのごく簡単な食事ではあったが、徐々に人間らしい暮らしを取り戻しつつあった。

社会からいったん隔絶された「ミッシングワーカー」にとって、行政の支援よりも大切なことは、たくさんの人とのつながりの中で、自分を取り戻していくことなのかもしれない。行政の担当者がいくら熱心に通ったとしても、日常のすべてを見守ることは難しい。その足りない分を、地域の住民が最も身近な存在として見守ることで、孤立から脱却することが初めて可能になるのではないだろうか。

角谷さんのケースは、渡嘉敷さんや地域の住民たちが角谷さんを助けたいと結束したことで、地域のつながりもまた、より深まった事例だと言える。

地域に恩返しをしたい

二〇一七年一一月、角谷さんは大きな一歩を踏み出そうとしていた。「サポートセンターあゆみ」のスタッフの継続的な支援、そして地域の人たちの見守りのおかげで、すっかり持ち前の明るさを取り戻していた角谷さんは、いよいよ働くための準備に取りかかろうとしていた。

今、ハローワークでは、再就職を目指す人たちを支援するために、資格をとる講座やパソコンを学ぶ講座など、無料で受けられるサービスが複数ある。角谷さんが選んだのは、介護の資格をとるための講座だった。「介護福祉の分野は人手不足だというし、それなら自分にもチャンスがあるのではないか」、そう考えたからだ。

長期間、社会との接点を失っていた角谷さんは、いきなり就職をすることにどうしても自信を持てずにいた。しかし資格を取得できれば、就職へのステップが踏み出せるのではないか。そう考えたことも、この講座を受けることにつながっていた。

角谷さんが申し込んだのは、「介護職員初任者研修」という講座で、およそ三ヶ月間にわたって、講義や実技などの研修を終えれば、資格が付与されるというものだった。国の就労支援プログラムを利用すれば無料で受講することができる。そして資格を取得すれば、介護施設などでの就職の道が開ける。

「介護施設で人材募集があるって聞いた時に、何か心にひっかかるものがあってさ。ハローワークの相談員の人に聞いたら、介護スタッフになるための訓練講座があるっていうしさ。

それやったら、就職にも有利になるだろうし。今まで一〇年も休んでおって、こんな講座受けさせてもらって、甘えているようだけども、受けたいと思ってさ」

「三ヶ月の講習がみっちり待っていますよ」と声をかけると「張りのある生活さあ。楽しみやで」と笑顔で返してくれた。角谷さんは明らかに変わっていた。

そこに、まもなく講習が始まると聞いた渡嘉敷さんが角谷さんを励まそうとやってきた。

「勉強しとる?」

「うん、知らない世界やしな」

「明日から、頑張ってください」

「ドキドキよ」

「大丈夫よ!」

「そうやな、うん。今までのこと考えたら、大丈夫やと思うけどな。これだけ、ようぺらぺら、ぺらぺらしゃべれるようになったしな」

「途中でめげんと頑張って」

「うん、それが関わってくれた人への恩返しやと思うし……。まあ今、一〇年分の言葉がぺらぺらと出てきているんかな」

必要とされる自分

講習の初日、角谷さんは朝五時に起き出し、コーヒーとパンで朝食を済ませると、公園に散歩に出た。身が引き締まる思いなのか、気分が高揚しているのか、その朝はいつも以上に多弁だった。

「せっかくこうやって資格をとれるチャンスがあるんだから、どんどんとっていこうと思ってさ。高校生以来の、初めて高校に合格して通うぐらいの気持ちで、ドキドキ感というか。生活が変わるな。以前のようなことにはならない自信はあるし、支えてくれる人もおるし、相談する人もおる。とにかく以前に逆戻りすることがないことだけは自信がありますね」

一五人が申し込んでいた講座には、欠席二人以外の一三人が集まった。男女は半々ぐらいだろうか。二〇代、三〇代が目立ち、角谷さんは年長のほうだった。初めて顔を合わせる日ということもあってか、参加者がそれぞれ自己紹介をしつつ、講習に参加した理由を語る場面があった。そこで角谷さんは、みんなの前で次のように語った。

「角谷晃男と申します。近所の高齢の方に助けていただき、支援していただいた方がいましたので、そういう方に何か恩返ししたいという気持ちでここへ学びに来ました。これからの夢は、資格をとって、施設に入った高齢者のお世話をすることです」

半年前までは、人と会話することもままならなかった角谷さんが人前で堂々とスピーチをしている。自分を支えてくれた地域の人たちへの恩返しの意味も込めて、介護の仕事をしてみたいと語った角谷さんの言葉を、地域の人たちに聞かせたら、支援してきた近所のお年寄りはどれほど喜ぶだろうか。

角谷さんは、ほぼ休むことなく研修に通った。介護や法律の知識を学ぶ講座を受け、実際の介護施設では介助の実技などを教えられ、講習のプログラムを順調にこなしていった。

最後の講習は、施設での職員の働きぶりなどを見学することだった。角谷さんは、職場見学を通して、そこで働いている自分の姿を想像し、また少し自信を得た様子だった。

そして、年が明けた二月中旬、修了試験に合格し、無事「介護職員初任者研修」の資格を取得することができた。いよいよ働くという段階に踏みだそうという角谷さんは、その心中を話してくれた。

「こんな状態の、こんな男やけど、頼ってもらえるんやったら、仕事をしたいと思う。今さらいい車に乗りたいとかそんなことも思わへんし、それよりもこんなろくでもない生活をしとった男が、必要とされて、役に立てるんやったら、それがいい。うん、そんな感じやな」

誰かが自分を必要としてくれている、そのことが社会の中の自分の居場所をつくることになる――角谷さんはそれに気がつき始めているようだった。「楽しみやなあ」と繰り返しつぶやく姿がそのことを表していた。

「これで終わりではなく、やっぱり最終目標というか、国家資格を取りたいで。介護福祉士の。そこまで自分に意欲が湧いてくるとは思わなんだな」

リハビリ期間を終え、実際に働く現場へと駒を進めても大丈夫。そう思わせる、力強いまなざしで角谷さんはしっかりと前を向いていた。

再び「働く」ことはできるのか

三月初旬、角谷さんは、地元の介護施設で就職に向けて面接に臨むことになっていた。すでに施設長との一次面接を終え、そこは無事通過。その日は、二次面接となる役員面接だった。

当日の朝に自宅を訪ねると、角谷さんはリクルートスーツ姿で出迎えてくれた。紺色のネクタイは、民生委員の渡嘉敷さんが、ご主人が若い頃使っていたものをプレゼントしてくれたそうだ。

「似合っていますね」と声をかけると、満更でもない様子で「うーん。なんかな、落ちつかんのは落ちつかんよ」と、はにかんだ笑みを浮かべた。

「面接でどういう質問が来るのか、わからへんけど、自分のことを精いっぱい伝えたいという感じかな。いい結果が出たら、新しい一歩やし、違う結果だったとしても、そんなに世の中うまいこといかないよ、ということなのかな。みんなの力もあって、ここまで順調に段階を踏んできたという感じがあるけど、どこかで一旦停止みたいな感じになるかもわからんし、このまま進んでいくかもわからんし」

　期待と不安が入り混じった気持ちだと語った角谷さんは、いよいよ社会の扉を開けようとしていた。面接場所に向かう前に角谷さんが立ち寄ったのは、渡嘉敷さんの家だった。渡嘉敷さんは、笑顔で玄関先に出てきた。

「面接に行く前に、挨拶に来ました」

「うん、頑張ってね。よかった」

「なんとかここまで来たけどな」

「うんうん。スーツ、似合ってるやん、すてきやん」

渡嘉敷さんにスーツ姿を褒められると、満面の笑みを浮かべた。

「それがさあ、ズボンさあ、ちょっときつなってきた」

渡嘉敷さんや近所の人たちが果物や菓子、料理などを持ってきてくれるようになったため、角谷さんはすっかり健康的な体型を取り戻していた。

「知らんよ～。六キロも太ってるんやもん、しゃあないわ。きょう穿いてみたら、なんかズボンがベルトせんでも穿けるんよ～。ハハハ」

「ハハハ。笑えるなあ、あんたは～。太り過ぎよ。大丈夫？」

「大丈夫、大丈夫」

渡嘉敷さんと話しているうちに緊張もほぐれたのか、角谷さんはこれで準備万端という風情だった。

「もうほんと、研修もサボるんじゃないかと思って、時々様子見に行ってたけど。そしたら、ちゃんと行って、研修って楽しい言うてたしね。良い方向に進んでるよね。ここまで来たし、あとは合格あるのみやね。すごいね。こんなに変われるんやもんね。うん」

「正直こんなにまだ意欲があったっていうのは、びっくりしたよ」

人間らしさを取り戻し、自分らしさを取り戻し、そして自信も少しずつ取り戻し、力強く歩き始めた角谷さんの姿を見て、渡嘉敷さんは自分自身も何か手応えのようなものを感じていた。

「助けたというよりも、見守ってきてよかったなあと思います。あそこで放っておいたら、まだ家の中に潜っていると思う。行くたびに元気になって、ケラケラ笑ってくれてね、だからよかったと思います。助けたという気はないですね。ただ角谷さんのことが心配で、気になって、どうすれば救えるかって思い続けたっていうことかな」

渡嘉敷さんに見送られ、いよいよ面接に向かった角谷さんは、凛とした表情で会場へと入っていった。

「まな板の上のコイやし、どんなこと聞かれるかわからんけど、ちゃんと答えて次につながるようにしたいと思う」

外で三〇分ほど待っただろうか、角谷さんがようやく出てきた。

「どうでしたか？」

声をかけると、待っていましたというように話し出した。

「六対四でいけるかなっていう感触かなあ」

面接では、十分に自分のことをアピールできた手応えもあり、役員たちの反応も良かったと感じたという。

「志望動機としては、去年の五月に地域の人たちに助けられて、そういった支援があったからこそ学校に通って介護を学ぶことができて、その介護の世界に入りたいんだって伝えられたんです。僕も支援を受けてここまでこられたので、今度は介護の世界で支援するほうに回りたいって思っています、と言えました」

結果は翌週、文書で届く。

「いい結果が出るといいですね」

そう声をかけると「良くても、悪くても前へ進むしかないからな」と角谷さん。その声には力がこもっていた。悪い結果が出ても、また起き上がれる——そんな力が感じられる声だった。

面接の一週間後、角谷さんから弾んだ声で電話がかかってきた。

「合格通知が送られてきたで！　できたら来週から施設で働いてほしいんやて！　三ヶ月の試用期間を終えたら、正式採用なんやて！」

「おめでとうございます！　本当によかったです。がんばってくださいね！」

角谷さんの電話を受けて、素直に嬉しかった。長い間、「ミッシングワーカー」だったにもかかわらず、地域の人たちの支援からわずか半年で、労働市場に戻っていくことができたのだから。

私たちはこれがゴールだと思い、取材の最後に働く姿を撮影しようと職場を訪れた。そこで物語は幕を閉じるかに思えた。まさか事態が急転直下し、その後も角谷さんと関わり続けることになろうとは、この時は予想だにしていなかった。

発覚した残酷な現実

働き始めて一週間ほどが経った三月下旬。渡嘉敷さんから連絡が入った。声が慌てている。

「角谷さんが職場で急に息苦しさを感じ、仕事を早退したらしい」

私たちは驚いて、翌日、角谷さんを訪ねることにした。帰宅時間は大雨だった。

それでも感想を聞きたくて、駅の近くのコンビニで角谷さんを待った。しかし、なかなか帰ってこなかった。職場で何かあったのかもしれないと心配になって、渡嘉敷さんのところにも行ってみたが、角谷さんがきた様子はなかった。

翌日、火曜日に再び角谷さんの自宅を訪ねてみると、同じように心配した渡嘉敷さんが様子を見に来ていた。

「角谷さーん」

縁側のある庭から呼びかけると、中から「はーい」という声が聞こえ、まもなく玄関に角谷さんが姿を現した。

「大丈夫かあ?」

渡嘉敷さんが顔をのぞきこむようにして聞くと、角谷さんはうかない表情で答えた。

「昨日、あんな雨の中、帰ったからさ。普通に仕事終わって帰ってきたんだけど、家で死んどった」

大雨の中をずぶぬれになって帰ってきた後、具合が悪くなったという。じつは、私たちは昨日の大雨の中、自宅も何度か尋ねていた。しかし、何度呼びかけても応答がなく、会えずじまいだったのだ。気になっていたことを聞いてみた。

「初日の月曜日、何かあったんですか?」

「すごく身体がだるいっていうかさ。階段の上り下りをする時とか、ハァハァ息切れがひどくてな。一応病院で検査することにしたんや」

胸部のＣＴ画像などを撮り、結果は後日ということだった。病院で検査結果が伝えられる日、私たちも同行させてもらうことにした。伊勢市にある市民病院の診察室で、医師は角谷さんに向き合うと、胸部のＣＴ画像を見ながら病状の説明を行った。告げられた事実はあまりにも残酷なものだった。

「右の肺の下のほうがもやもやしてるでしょ。これは、水がたまって炎症を起こしているんだね。それと、心臓がとても大きくなってるね。だから、今の状態はやっぱり心不全の兆候があるんだよね」

そして医師は、すぐにでも精密検査を受けて、治療を始める必要があると告げた。

「心臓に負担がかかっているから、まずはたまっている水を抜いてやらないと。心臓にどんどん負担かかってくるから、利尿剤とかそういうのを使わないといけない。そして、一度循環器の専門の先生に相談をしたほうがいいと思うね」

角谷さんは現実を受け止めきれない様子だった。

「仕事のほうが……、参ったな」

病院を出た後も角谷さんの表情は硬かった。

「うーん……。でも、また一頑張りするしかないと思う。あんだけ学校通うのも頑張ったしさ、また頑張ったらええと思うし、必ず戻れるかどうかわからへんけども、こうやって資格取った以上は、また介護の世界に戻りたいと思っとるし。うーん、戻れるかどうかわからへんけどな、何とか努力していきたいと思うけども」

　せっかく働き出したばかりだというのに、なぜ、と目の前の現実を受け入れられずにいた。

「なんでこのタイミングやと、俺もテンションがだだだだだだ、と下がっていった。就職決まって、これからだと思ったら、なんでこんな」

　渡嘉敷さんがそれを聞いて、うなずきながら声をかけた。

「ほんとに、とんとん拍子できたのにね」

「介護は立ち仕事が多いからさ、それで、負担がかかるからダメってなったら、僕が時々体調を崩して抜けるようなことになったら、誰かがその分、補わないといかんから、もっと頑丈な人を代わりに入れたほうがいいわなあ」

　仕事を終えて、家に帰ってくると、じっとしていても息苦しいのだという。朝になると、なんとか収まるのでまた出かけるが、仕事をしているとすぐに息苦しくなるのだ。話しているうちに、こみあげてくるものが抑えられないこともあった。

「なんか知らんけど、涙がボロボロ出てきた。ボロボロ、ボロボロと泣いてさ。やっとここまで来て、さあ、再出発やっていうところでさ、なんでこのタイミングやと」

この一週間後、角谷さんは、伊勢赤十字病院で、精密検査を行った。その結果、重度の心筋梗塞になっていることが判明し、緊急入院することになった。主治医によると、心臓の一番太い血管が詰まっており、心臓の半分が壊死《えし》していた。

血管が詰まったのは一ヶ月以上前で、介護職として働き、体を多く動かすようになったことで症状が顕在化したと考えられるそうだ。一旦退院した後、血管形成手術を行う必要があり、今後の仕事に関しては、肉体労働を長時間行うことは難しいという。

角谷さんが働いていた介護施設は、当初は「様子を見ましょう」と話していた。だが、病名が判明すると、暗に「働くことは無理では」と退職を促すようになった。結局、角谷さんは、ようやく手にした仕事を、わずか一ヶ月あまりで失うことになったのだ。

労働市場への復活

四月下旬、渡嘉敷さんたち地域の高齢者は、仕事ができなくなった角谷さんのことを少しでも元気づけたいと「励ます会」を開いた。公民館の裏の広場に、角谷さんと渡嘉敷さん、そのほかに三人のお年寄りが集い、お茶会が開かれたのだ。

持ち寄ったのは、手づくりの料理や地元で有名なおまんじゅう。角谷さんは勧められるままに、まんじゅうをほおばりながら、久しぶりに笑顔を見せた。

「もう、一人じゃないからな」とかけられた言葉に、「そうだなあ、一人で悩まなくっていいんだもんな」と答える角谷さん。そこには、地域のつながりの輪の中で生きる姿があった。

「晃男くん、しっかりせんな」と、近所に住む高齢の男性。自身も病気を抱え、角谷さんの頑張る姿に元気をもらってきたという。「私も励まされとるよ」と、参加者たちも口々に声をかける。そこには、心の痛みも分け合うつながりができていた。

穏やかであたたかい人たちの中でひとときを過ごした角谷さんは、改めて支えてくれた人たちに感謝したいと思うようになっていた。そして、地域の人たちはそんな角谷さんを絶対に見捨てずに見守り続けたいと、そう思っていた。

「最近、頭の中でなあ、『Jupiter』という曲がよく流れるんよ。『ひとりじゃない』という歌詞が心に沁みるんよ。昔はそうでもなかったけど、今は、支えてくれるような人がおるで。なんかいろんな意見がもらえるし、アドバイスがあるし、僕一人じゃないよっていう

広場のベンチで元気を取り戻した角谷さんが楽しそうに談笑している

感じがある。昔だったら、『ここら辺でええわ』って、諦めてしまうところでも、もう今はそんな思いにはならへんな。『何かできるやろ、何かあるやろ』って感じかなあ。まだ諦めるっていう感じはないな、うん」

大きくうなずきながら、自分に言い聞かせるように、角谷さんは言い切った。そんな言葉を笑顔で聞いた渡嘉敷さんたちも、とても嬉しそうな表情をしている。角谷さんの頑張る姿に、周囲も何かエネルギーをもらっているような、そんな循環ができあがっていた。

この一ヶ月後の五月に、角谷さんは心臓のバイパス手術を受けることになった。そして手術は無事に成功。しかし、術後は心臓にペースメーカーをつけなければならなくなった。

一般的にペースメーカーをつけていると、運動をしたり、肉体労働に就いたりすることは難しいとされている。しかし、角谷さんは介護の仕事をしたいと諦めずに就職活動を続けた。そして手術から四ヶ月経った九月、角谷さんは、地元にある別の介護施設に再就職を果たしたのだ。

施設側もペースメーカーをつけて働くことに理解を示し、角谷さんは無理をせずに、週に三日、できる範囲で施設のスタッフとして働くことになった。

この再就職を喜んだのは、地域で支えてくれた人たちだ。その後、働き始めて一年近く経つが、仕事は続いている。角谷さんも、一ヶ月、二ヶ月と仕事を続けられたことで、さらに自信を取り戻し、今では身体がもつ限り、働き続けたいと思っている。

「これからは、二度と人様に迷惑かけずに生きたい。それさえ守っていければ、こんな車が欲しいとか、旅行に行きたいとか、そんなんは要らん。勉強でいろんなことを見ていきたいとは思うけど、あれが欲しい、これが欲しいもない。普通に生活して終われたらいいなって思います」

「ミッシングワーカー」という存在が教えてくれたこと、それは「働く」ことが人間らしく生きる土台をつくっているということだ。介護や転職のつまずきなどで「ミッシングワーカー」に陥ると、「働く」ことから遠ざかり、労働市場から消えていく――それはその人が拠って立つ社会の土台を失うということでもある。

人間は、誰かに必要とされることで、生かされている――そのことを改めて教えてくれたのが、「ミッシングワーカー」という存在だった。「ミッシングワーカー」は四〇代、五〇代の働き盛りの世代で一〇三万人にも上る。一人でも多く、彼らが労働市場への復活に向けて歩き出すことができれば、社会はきっと活力を取り戻すことができるだろう。

そしてそれは、彼ら自身が自分の人生を取り戻し、自分らしく生きていく未来をつくることでもあるのだ。

おわりに

この本の原稿を書き上げようという二〇一九年一二月、政府は中高年の「ひきこもり」対策を次々に打ち出した。一つは、バブル崩壊後の就職難に直面した就職氷河期世代、つまり、「ひきこもり」の多い中高年世代に特化した支援のために、今後三年間で六〇〇億円を投じ、この世代の正規雇用者を三年間で三〇万人増やすという計画を掲げたのだ。

もちろん「ミッシングワーカー」の状態にある人が一〇〇万人以上いることからすれば、三〇万人は三分の一にも満たない数字ではある。しかし、三〇万人が無職のまま老後を迎え、生活保護の受給者になるのと、正社員として納税できるようになり、老後も自立した暮らしを送ることができるのとでは、社会的コストだけを考えても雲泥の差がある。画期的なことだと評価できるであろう。

さらに厚労省は、「ひきこもり」の家庭がそれぞれ複雑な事情を複数抱え、原因や解決策、支援のアプローチも違うために、自治体に相談に訪れても窓口が分からず、結局、支援を受けることができていないケースが数多く見られることから、自治体の縦割りをなくし、窓口を一本化するという方針を打ち出した。

それによって、自治体の側が、一つの相談窓口から、複数の必要な支援サービスなどにつなげていくというアプローチが可能になる。こうして相談者にとって、わかりやすい仕組みをつくろうというのだ。これも画期的な対策だと言えよう。

こうした体制を整える自治体には、財政支援を行うとしていて、自治体が地域サービスの核としての役割を果たす機能を持つことができれば、つまり地域がもともと持っていた福祉機能やサービスを組み合わせて、こうした家庭の親世代、子世代がそれぞれ必要なサービスや支援を受けるチャンスをつくることができれば――「ミッシングワーカー」の問題が深刻化する前に対策を大きく前進させ、解決へ向わせることができるのではないだろうか。そして、今、地域に芽吹いている「８０５０問題」解決に向けた動きを一気に加速させ、社会がこの問題と向き合っていく、将来への希望の光が見えてくるのではないだろうか。

この本で取り上げた人たちは、それぞれ地域の支援や生活困窮者自立支援窓口のスタッフとの出会いなどから、自立への一歩を踏み出そうとしている。必要な支援に届くことができれば、「ミッシングワーカー」＝「消えた労働者」であっても、労働市場から消えた自分を取り戻すことができると、彼らは自らの姿をもって教えてくれている。

本書を手にとった人たちに、自分も親の介護や仕事のつまずきなどで「いつミッシングワーカーになってもおかしくない」と、自分の事としてこの問題を受け止め、自分の地域にもいるであろう隣人たちの存在に関心をもってもらいたいと思う。

そして、「ミッシングワーカー」になるのではないか、と自身の将来を不安に思いながらこの本を読んだ人たちには、必要な支援につながれば、自立した暮らしを守ることができることも知ってもらいたいと思う。

そのためには、自分の家族や仕事、おかれた環境を悲観するのではなく、それらと向き合った上で助けにつながる一歩を踏み出すことだ。それぞれの地域には必ず、助けてくれる人や場所があるはずだ——私はそう信じている。

最後に、「ミッシングワーカー」一〇三万人。この問題が日本を揺るがしかねない大きな問題だと、ＮＨＫスペシャルを見て、すぐに書籍化するよう声をかけてくれたＮＨＫ出版の山北さんには本当に御世話になった。

番組では伝え切れなかった取材の詳細についても、本書では綴ることができた。それを広く読者に知ってもらえる機会をつくって頂いたこと、そして番組の放送後、長きにわたって原稿が滞り、時間がかかってしまったにもかかわらず、本書を少しでも良い形で送り出すために助言をいただいたこと、すべてに改めて感謝している。


私も、いつ「ミッシングワーカー」に陥り、労働市場から排除されてしまうことがないとは言えない。そして、それが長期化すれば、社会からも消えた存在となり、孤立してしまう――そんな未来が誰にとっても例外なく、将来のリスクとしてあり得るのが「現代ニッポン」だ。

だからこそ、この問題には正面から向き合い、そして問題が解決に向かうよう今後も注視していきたいと思っている。

【執筆者プロフィール】

板垣淑子（いたがき・よしこ）

一九七〇年生まれ。東北大学法学部卒業。九四年、ＮＨＫ入局。報道局制作センター、仙台放送局、報道局社会番組部、大型企画開発センターを経て、現在、名古屋放送局報道部報道番組。主な担当番組は、ＮＨＫスペシャル「ワーキングプア～働いても働いても豊かになれない～」（二〇〇六年度ギャラクシー賞大賞）、同「無縁社会～〝無縁死〟3万2千人の衝撃～」（二〇一〇年菊池寛賞）、同「終の住処はどこに　老人漂流社会」（一四年度アメリカ国際フィルム・ビデオ祭　ゴールドカメラ賞）、ほか多数。一五年には、放送文化基金賞個人賞を受賞。

木下義浩（きのした・よしひろ）

一九八二年生まれ。早稲田大学政治経済学部卒業。二〇〇六年、ＮＨＫ入局。大阪放送局、報道局社会番組部、「おはよう日本」を経て、現在、名古屋放送局報道部報道番組。主な担当番組は、かんさい熱視線「〝見えないホームレス〟～個室ビデオ店放火事件の周辺～」、ＮＨＫスペシャル「巨大津波　〝いのち〟をどう守るのか」、同「ＭＥＧＡＱＵＡＫＥⅡ　巨大地震　第1回」、同「〝新富裕層〟vs.国家～富をめぐる攻防～」、クローズアップ現代＋「追跡〝なりすまし〟社会～職業偽装の闇～」、ほか多数。

校閲　猪熊良子
ＤＴＰ　角谷　剛
図版作成　手塚貴子

NHKスペシャル取材班
労働問題を継続取材する中で見えてきた、
「労働市場から“消えた”状態の中高年」に着目し、
彼らの実態に密着したNHKスペシャル
「ミッシングワーカー 働くことをあきらめて…」が大きな反響を呼んだ。
本書では、その番組をもとに問題の背景から解決の糸口まで、
追加取材を含めて描き出す。

NHK出版新書 617

ミッシングワーカーの衝撃
働くことを諦めた100万人の中高年

2020年3月10日　第1刷発行

著者　NHKスペシャル取材班
発行者　森永公紀
発行所　NHK出版
〒150-8081東京都渋谷区宇田川町41-1
電話 (0570) 002-247 (編集) (0570) 000-321 (注文)
http://www.nhk-book.co.jp (ホームページ)
振替 00110-1-49701

ブックデザイン　albireo
印刷　壮光舎印刷・近代美術
製本　二葉製本

Printed in Japan ISBN978-4-14-088617-5 C0236

NHK出版新書好評既刊

富士山はどうしてそこにあるのか
地形から見る日本列島史
山崎晴雄

関東平野はなぜ広い？ リアス海岸はどうしてできる？ 富士山が「不二の山」の理由とは。足下に広がる大地の歴史を地形から読む。

584

55歳からの時間管理術
「折り返し後」の生き方のコツ
齋藤 孝

いよいよ「人生後半戦」に突入した50代半ば。気がつくと〝暇〟な時間が増えてきた。ついに手に入れた自由な時間を、いかに活用すればよいか？

585

「松本清張」で読む昭和史
原 武史

昭和とは何だったのか？ 比較的近い、しかし謎に満ちた時代を、松本清張作品に描かれた「鉄道」と「天皇」から解き明かす。

586

人体 神秘の巨大ネットワーク
臓器たちは語り合う
丸山優二
NHKスペシャル「人体」取材班

生命科学の最先端への取材成果を基に、従来の人体観を覆す科学ノンフィクション。大反響を呼んだNHKスペシャル「人体」8番組を1冊で読む！

587

コケはなぜに美しい
大石善隆

岩や樹木になぜ生える？「苔のむすまで」はどれくらい？ 静寂と風情をつくるコケの健気な生き方を、200点以上のカラー写真とともに味わう。

588

米中ハイテク覇権のゆくえ
NHKスペシャル取材班

情報・金融・AIなどのハイテク分野で、アメリカの覇権を揺るがし始めている中国。日本の命運を左右する、二つの超大国の競争の真実に迫る。

589

NHK出版新書好評既刊

8050問題の深層
「限界家族」をどう救うか
川北 稔
若者や中高年のひきこもりを長年研究してきた社会学者が、知られざる8050問題の実相を明らかにし、従来の支援の枠を超えた提言を行う。
596

革命と戦争のクラシック音楽史
片山杜秀
優美で軽やかなモーツァルトも軍歌を作っていた？「第九」を作ったのはナポレオン？ 世界史と音楽史が自在に交差する白熱講義！
597

誰も知らないレオナルド・ダ・ヴィンチ
斎藤泰弘
芸術家であり、科学者でもあった「世紀の偉人」がなりたかったのは、「水」の研究者だった？ 自筆ノートから見えてくる「天才画家」の正体とは——。
598

男の「きょうの料理」
絶品！ ふわとろ親子丼の作りかた
NHK出版［編］
NHK「きょうの料理」とともに歩んできた番組テキストで紹介されたレシピの中から、しっかり作れてきちんとおいしい「丼」70品を厳選収載！
599

日本語と論理
哲学者、その謎に挑む
飯田 隆
「多くのこども」と「こどもの多く」はどう違う？「こどもが三人分いる」が正しい場合とは？ 日本語のビミョウな論理に迫る「ことばの哲学」入門！
600

世襲の日本史
「階級社会」はいかに生まれたか
本郷和人
日本史を動かしてきたのは「世襲」であり、「地位より家」の大原則だった。摂関政治から明治維新までの流れを読み解き、日本社会の構造に迫る！
601